~Mein Bergisches Land~

Bergischer Verlag

Kühe, Kappes und Kartoffeln

Eine Kindheit auf dem Lande
von Dorothee Kotthaus-Haack

Reihe: ~ Mein Bergisches Land~
herausgegeben von Thomas G. Halbach

ISBN 978-3-945763-54-4

3. Auflage 07/2020
© Bergischer Verlag, © Dorothee Kotthaus-Haack

Bergischer Verlag
RS Gesellschaft für Informationstechnik mbH & Co. KG
Verleger Arndt Halbach, Martin Czialla
Auf dem Knapp 35 | 42855 Remscheid
E-Mail: info@BergischerVerlag.de | www.BergischerVerlag.de

Lektorat: Iris Gelhausen
Umschlaggestaltung: Julia Wewer, Kreativagentur Rockoli
Titelfoto und alle weiteren Fotos sind aus dem Privatbesitz der
Autorin
Layout und Gesamtherstellung: Bergischer Verlag,
E.W. Bruchhaus

Dorothee Kotthaus-Haack

Kühe, Kappes und Kartoffeln

Eine Kindheit auf dem Lande

~Mein Bergisches Land~

Für meine Kinder
Christine, Matthias, Georg, Robert

Meine beiden ältesten Kinder Matthias und
Christine und ganz links ihre Cousine Susanne
im Garten hinter dem Törchen. Sie wären
wohl gerne mitgegangen, um die Kühe auf die
Weide zu führen, hätten gerne die samtenen
Kälbermäulchen gestreichelt oder die Hühner
gefüttert. Damals, in den achtziger Jahren, gab
es zwar noch Stall und Scheune, aber außer ein
paar Kaninchen, die der Opa im Stall versorgte
und die von der kleinen Susanne „Ninnis"
genannt wurden, keine Tiere mehr auf dem
Bauernhof. Und so prägte sie den schönen
Namen „Opa Ninni".

Inhalt

Dorothee Kotthaus-Haack, geboren 1951, wuchs zusammen mit zwei Schwestern in einer Bauernfamilie auf Holthausen am Stadtrand von Wuppertal-Ronsdorf auf.

Nach dem Studium an der Pädagogischen Hochschule in Wuppertal unterrichtete sie als Grundschullehrerin in Wuppertal, Duisburg und Remscheid. Sie ist verheiratet und hat vier erwachsene Kinder und ein erstes Enkelkind.

Mit ihrem Mann, Pfarrer i.R. Gerhard Haack, lebt sie heute in Remscheid Lennep. Seit ihrer Pensionierung engagiert sie sich ehrenamtlich in der Kirchengemeinde Lennep und hat mehr Zeit für ihre privaten Interessen. Mit Leidenschaft bearbeitet sie zusammen mit ihrem Mann drei Gärten. Beim Verfassen ihrer Kindheitserinnerungen entdeckt sie auch ihre Liebe zum Schreiben. Aus den Erinnerungen an eine Kindheit auf dem Lande ist, in Zusammenarbeit mit dem Bergischen Verlag, ihr Erstlingswerk „Kühe, Kappes und Kartoffeln"entstanden.

Vorwort

Leben und Arbeiten auf dem Bauernhof waren mir von Kindheit an vertraut. Nachweislich über 550 Jahre lang haben die Vorfahren unserer Familie Kotthaus als Bauern ihr tägliches Brot verdient.

Die Zeiten haben sich gewandelt. Keine von uns drei Schwestern hat die Landwirtschaft weitergeführt. Schweren Herzens haben wir das Hofgebäude am Stadtrand von Wuppertal-Ronsdorf verkauft. Die Gebäude wurden abgerissen und moderne Bauwerke an ihrer Stelle errichtet. Der Ort, an dem unser Elternhaus gestanden hat, ist uns fremd geworden.

Meine Kindheit auf dem Bauernhof sollte nicht in Vergessenheit geraten. Ein Denkmal sollte entstehen für das verlorene Gehöft und für meine Eltern Fritz und Anna Kotthaus. Was mir als ein Schatz in Erinnerung geblieben ist, habe ich aufgeschrieben – als Vermächtnis für meine beiden Schwestern, für meine vier Kinder, für Enkel, für Verwandte und Freunde. Nach einer Überarbeitung ist nun aus meinen ursprünglichen Erinnerungen eine Fassung für die Öffentlichkeit geworden.

Ich weiß, dass fast allen Ronsdorfern unser Bauernhof mit seinem schönen Bauerngarten bekannt war. Viele Einheimische haben sich an diesem Anblick erfreut. Und so widme ich dieses Buch allen, die mein Elternhaus geliebt haben, insbesondere meinen beiden Schwestern Annegret und Marlies, mit denen ich hier glückliche Kindheitstage verbracht habe, sowie den Menschen von Holthausen, die damals zusammen mit mir hier gelebt haben.

Holthausen im Jahr 1958.
Im Vordergrund mittig der Bauernhof unserer Familie.

Der Bauernhof auf Holthausen

Wohnhaus

Es war zu der Zeit, als die Luhnsfelderhöhe noch Cronenberger Straße hieß und Zement mit C geschrieben wurde. Deutschland hatte noch einen Kaiser, und der war gerade wenige Jahre vorher zur Eröffnung mit der Wuppertaler Schwebebahn gefahren. Mein Großvater, Julius Kotthaus Junior, geboren am 12.3.1871, war ein Bauer voller Hoffnungen und Pläne. 1907, wenige Jahre nach seiner Eheschließung, hatte er für seine Familie in der Nähe des alten Hofes ein neues Wohnhaus mit Stall und Scheune bauen lassen. Das Baujahr stand groß an der Giebelseite des schönen Hauses, zur Straße hin gut sichtbar. Die Adresse des Anwesens lautete Holthausen bei Ronsdorf. Die Stadtgründung Ronsdorfs ist eng verbunden mit dem Zuzug vieler auswärtiger Familien. Lange Zeit gab es an diesem Ort nur vier Bauernhöfe. Dann zog im Jahr 1737 Elias Eller, ein evangelisch-reformierter Kaufmann, mit seinen Glaubensanhängern von Elberfeld hierhin, um sich neu anzusiedeln. Mit 50 Familien wollte er hier sein „Zion" bauen. 1741 wurde die reformierte Gemeinde gegründet, bereits 1745 erwarb der Ort Ronsdorf die Stadtrechte. Seit dem Jahr 1842 gab es das prachtvolle Rathaus am Markt mit dem „Zwei-Kaiser-Denkmal". Um die Jahrhundertwende 1900 dann setzte in Ronsdorf eine rege Bautätigkeit ein: 1885 wurde die „Städtische Bade-Anstalt" in Ronsdorf eingeweiht, 1897 die große Turnhalle Scheidtstraße, im gleichen Jahr das Dürselenhaus im neugotischen Stil als Vereinshaus für die Innere Mission. 1899 wurde die Ronsdorfer Talsperre als zweiter Trinkwasser-Stausee Deutschlands ihrer Bestimmung übergeben, 1901 wurde im Saalscheid die „Bergische Volksheilstätte", eine Lungenheilanstalt, fertiggestellt, 1907 das Elternhaus meines Vaters, welches später dann auch das unsere wurde.

Wie stolz mögen 1907 die jungen Leute gewesen sein. Ihr kleiner Sohn, mein Vater Fritz, war damals gerade zwei Jahre alt, und es sollten sich noch fünf weitere Kinder einfinden, darunter drei Söhne und zwei Töchter. Haus und Stall waren in der Art eines germanischen Langhauses gebaut, das Haus ungefähr 8,50 Meter mal 9,50 Meter groß, der Stall 13,50 Meter lang, daran im Winkel angebaut Tenne und Scheune. Wie aus den Bauzeichnungen hervorgeht, wurden nach April 1911 noch Erweiterungen angebaut. Mein Vater erzählte oft, wie man damals im Wohnhaus die Stelle für die Zimmertür bestimmte: „Da hat sich einer auf den Boden hingelegt, und dann wusste man, wie lang das Bett sein musste. Also kam dann dort passend die Tür hin."

Zunächst war das Haus noch nicht voll unterkellert, und der kleine Fritz hat beim nachträglichen „Ausschachten" gut helfen können, wie er uns Kindern später berichtete. Das Wohnhaus, so wie ich es auch kennengelernt habe, hatte im Erdgeschoss vier ungefähr gleich große Räume. Vorne, von der Hofseite, ging man in den hellen Flur, von wo aus die gewinkelte Treppe nach oben führte. Vom Flur ging es nach links in die Wohnküche, von dort nach rechts in das Wohnzimmer. Durch das Wohnzimmer wiederum gelangte man in den vierten Raum, der in meinen ersten Lebensjahren Schlafzimmer für die Eltern und uns Kleinkinder war. Damals, beim Neubau, wird die Nutzung ähnlich gewesen sein. Wie viele Menschen mögen schon auf der langen Holzbank gesessen haben, die bereits seit 1907 in der Küche vor dem Fenster zur Straße hin stand? Aus Erzählungen weiß ich: Der „Jungfrauenverein" traf sich hier zum Nähen und Singen, die „Missionszöglinge" stellten sich hier zum Essen ein, der „Casino-Verein Holthausen" tagte hier – und wohl auch gegenüber in der Gaststätte – um wichtige Beschlüsse für die Bauernschaft zu fassen. Außerdem kamen in all diesen Jahren viele Menschen aus der weiten Verwandtschaft, viele Nachbarn, Bauern und Kinder aus der Umgebung zu Besuch.

Jeder, der in der Küche auf dem Stuhl oder auf der Bank Platz nahm, fand ein offenes Ohr und konnte sich angenommen fühlen. Meine Tochter Christine, die so gerne bei der Oma in der Küche war, erinnert sich bis heute voller Dankbarkeit daran. Bis zum Jahr 2012 blieb diese Bank mit dem dazugehörigen großen Tisch in der Küche stehen. Zu dem Zeitpunkt war die Bank über 100 Jahre alt. Der Tisch war einmalig in seiner Funktion. Es war ein Ausziehtisch in mehrfacher Hinsicht. Vorne gab es, für Unkundige unsichtbar, ein Gestell mit zwei großen Spülschüsseln mit Deckel, welches man unter der Tischplatte herausziehen konnte.

Was für heutige Verhältnisse vollkommen undenkbar ist: Bis 1950 gab es in dieser Küche keinen Wasseranschluss – in einer Küche, in der in den ersten Jahrzehnten meist mehr als zehn Personen am Tisch saßen und satt werden wollten. Als meine Mutter 1950 als jungverheiratete Bäuerin anfing, hier zu wirtschaften, fand sie nur im großen Flur einen Spülstein mit Wasserzufluss und -abfluss vor. Hier wurden Gemüse gewaschen, Wäsche mit der Hand gewaschen, das Putzwasser geholt, das Wasser für den Abwasch in der Küche entnommen und natürlich auch Gesicht und Hände gewaschen. Zum Glück konnte sie durchsetzen, dass in der Küche recht bald ein Wasserzulauf am Herd eingerichtet wurde. Sollten denn ihre kleinen Mädchen bei jedem Gang zum Waschbecken hinter ihr herlaufen in den kalten Flur? Aber immer noch unvorstellbar: Es gab in der Küche keinen Abfluss.

Zum Kochen und Heizen stand in der Küche schon immer ein Herd, so wie er heute nur noch in einem

Museum zu finden ist: mit Holz, Kohle und Briketts zu befeuern, mit Herdklappen vorne, einer blanken Platte obendrauf und einem langen Ofenrohr hinten links. Daneben befand sich ein alter, einfacher Elektro-Herd, der an heißen Sommertagen in Gebrauch genommen wurde. Im Wohnzimmer gab es zu unseren Kindertagen zwar einen Allesbrenner, aber er wurde in der kalten Jahreszeit nur an Sonntagen, wenn Besuch kam, und an Feiertagen befeuert. Normalerweise wurde das Wohnzimmer „unter der Woche" nicht benutzt, auch im Sommer nicht. Es war die „gute Stube". Dieser besondere Raum hatte immer einen „Hauch von Weihnachten", war er doch unser „Weihnachtszimmer". Unser Vater verbrachte schon mal besondere Stunden an dem alten Schreibtisch im Wohnzimmer. Dann setzte er sich auf den Wohnzimmerstuhl, um Schreibkram zu erledigen, Überweisungen und Bestelllisten für die Genossenschaft auszufüllen, Rechnungen durchzusehen und so weiter. Der Schreibtisch mit allen Schubladen und Türen war für uns Kinder lange Zeit verboten. Inzwischen habe ich ihn geerbt und, nachdem mein Mann erfolgreich die Holzwürmer vertrieben hat, steht er jetzt bei uns im Arbeitszimmer – der Schreibtisch, an dem wahrscheinlich im 19. Jahrhundert schon „Julius Junior" gesessen hat; eine erhebende Vorstellung. Der alte, bauchige Wohnzimmerschrank mit den zwei Schubladen, den großen mit Schnitzereien verzierten Türen unten und den drei Türen mit geschliffenem Kristallglas im Oberteil war Mutters ganzer Stolz. Sie hat ihn 1950 gerne von den Schwiegereltern übernommen und immer gut gepflegt, sodass er jetzt bei uns im Haus als Prunkstück bewundert wird. Unsere Mutter hat uns schon als Kleinkindern beigebracht: Nie nach dem Spülen das warme Geschirr auf den Schrank stellen, nie Gläser, die noch feucht sein können – das gibt „Kränze"! Wir alle waren vorsichtig, und so hat dieser über hundertjährige Schrank keinen einzigen Wasserflecken auf der Ablage. Ebenso pfleglich wurde mit dem Silberbesteck umgegangen, selbstverständlich wurde das Silber nur mit der Hand gespült – wie denn sonst? Die Küche in unserem Elternhaus wurde nie modernisiert; niemals hat eine Spülmaschine Einzug gehalten.

Das Schlafzimmer besaß an der Tapetenwand eine Schnur zum Ziehen. Hiermit konnte man das Deckenlicht an- und ausschalten. Ich erinnere mich genau, dass ich das als Kind faszinierend fand. Als meine jüngere Schwester Annegret geboren war, stand mein kleines Gitterbettchen am Fußende des Ehebettes, das Körbchen für das Zweitgeborene neben dem Bett der Mutter. Der Schlafzimmerschrank war schlicht und einfach. 1950 war er neu gekauft worden und hat immer alle Kleidungs- und Wäschestücke für die Eltern fassen können, obwohl er nur ca. 1,50 Meter breit war. Er roch nach dem Mottenpulver, das unsere Mutter beim Hausierer am Küchenfenster kaufte. Wie die anderen Räume im Erdgeschoss, besaß auch dieser Raum zwei große Fenster: zwei große Fensterflügel rechts und links und zwei kleine oben mit vier gleich großen Scheiben. In allen Räumen, auch in der Küche, gab es schön gemusterte, große Übergardinen, im Wohn- und Schlafzimmer lange weiße Stores, in der Küche weiße Scheibengardinen.

Wenn man die gewendelte, rot gestrichene Treppe im Flur hochging, kam man zunächst in den oberen Flur. Oben, das war die Etage, die nie geheizt wurde. Mit vielleicht fünf oder sechs Jahren erhielten Annegret und ich oben, in dem ehemaligen Raum unserer Großeltern, unser Schlafzimmer. Ich kann mich noch daran erinnern, dass zunächst ein alter Lehnstuhl mit verschlissenem, rotem Bezug dort stand. Er wurde dann aber weggeräumt oder im Ofen verbrannt. Was blieb, war das übrige Mobiliar: die alten dunkelbraun gestrichenen, großen Betten, die dazugehörigen Nacht-konsolen, die Kommode mit der früher benutzten, wei-ßen Porzellan-Waschschüssel und passendem Krug und außerdem der leichte Holz-Kleiderschrank. Alle Möbel-stücke stammten von den Großeltern und wurden bis zu unserem Auszug aus dem Haus von uns Mädchen benutzt. Nie haben wir den Wunsch nach modernen Möbeln geäußert – zum Glück, denn so sind sie bis heute erhalten geblieben. Unsere Betten stehen heute als Gästebetten in einem renovierten Bauernhaus in der Nähe von Dresden. Nach der Geburt meines Vaters schliefen meist zwei oder auch schon mal drei Kinder oder Heranwachsende in jedem dieser Betten. Zeit-weise haben sechs eigene und mehrere Kinder aus der Missionarsfamilie Quentmeier hier im Haus gelebt. Die Missionarsfrau Aline war eine Schwester des Va-ters meines Vaters. Die Vettern und Cousinen mussten mit zehn Jahren von Sumatra nach Ronsdorf ziehen, um von dort das Gymnasium zu besuchen. Wie gerne hätte unser Vater Fritz auch gelernt, aber er war zum Hoferben bestimmt und wurde angelernt, ein tüchtiger Bauer zu werden. Nun lagen Annegret und ich in die-sen Betten. Es war ein reines Schlafzimmer, kein Spiel-zimmer. Jedoch durften wir, was unsere Tante Emmi nicht guthieß, ab und an in den Betten spielen. Unsere Mutter erlaubte es uns. Wir beiden Mädchen warfen uns vom Fußende her mit Freuden nach hinten auf die dreigeteilte Matratze oder bauten uns mit Decken, Tüchern und Wäscheklammern ein Zelt. „Es ist schön, wenn die Betten morgens alle leer sind und genauso schön, wenn sie abends alle wieder voll sind". Diesen Spruch hatte unsere Mutter bereits von ihrer Mutter gelernt, und meine Freundin hat mich wieder daran erinnert. Die Zimmertüre zum Schlafzimmer der El-tern gegenüber war anfangs bewusst immer leicht angelehnt; nach mehreren Anstrichen war es auch nicht mehr möglich, sie zu schließen. Zeitgleich mit unserem „Umzug" nach oben, hatten auch die Eltern ihre Schlafstätte ins Obergeschoss verlagert. Mehrfach hatte eine Familie aus der Gegend, die im Krieg aus dem Osten geflohen war, gebeten, ob die Eltern nicht einen der Brüder aufnehmen könnten. Und so vermieteten sie für kurze Zeit den Raum unten, den sie zuvor als Schlafzimmer genutzt hatten. In jedem der beiden Schlafräume in der oberen Etage gab es ein großes Fenster zur Straße hin, welches genauso aussah, wie die Fenster unten, und darüber hinaus jeweils ein Dachfenster, denn die Räume hatten eine Dachschräge. Die weiteren Zimmer in der oberen Etage wurden zeitweise als Schlafkammer für unseren Landwirtschaftslehrling genutzt, später dann für eins von uns drei Mädchen, der ganz kleine Raum daneben als Abstellkammer. In der Mitte der sechziger Jahre dann, als wir das Baden im Keller aufgeben wollten, entstand hier ein neues Badezimmer mit Wanne und Kupferofen, zu beheizen mit Holz und Briketts.

Im Haus gab es zwei geheimnisvolle Schränke. Da war zum einen das geerbte „Kirschbaum-Vertiko" aus dem Besitz der Großeltern von Spieckern, den Eltern meiner Mutter. In dem Vertiko fand Abgelegtes von den Eltern oder Großeltern seinen Platz. Erinnern kann ich mich an eine aus Haaren geflochtene Kette und an einen Porzellanhund meiner Mutter mit einem abgebrochenen Ohr. Natürlich gab es dort auch alte Bücher, Fotos und Geschirr, später auch Bilder und Handarbeiten aus unserer ersten Schulzeit.

War man vom Flur die Treppe hoch gegangen, führten nach links sofort drei niedrige Stufen hinab ins „Steinzimmer", einen großen Raum ohne Tapeten und mit einem kleinen Fenster zum Hof hin. Der Raum roch immer nach feuchtem Kalk, denn die Wände waren mit Kalk getüncht, was gut war gegen Keime. Aber sobald man die Türe aufmachte – leider durften wir sie nur sehr selten öffnen – roch es unangenehm und rätselhaft, der typische Geruch unseres „Steinzimmers". Zu unseren Kindertagen stand der Raum voll mit Gerümpel, und hier befand sich auch der zweite, geheimnisvolle Schrank, ein Weichholzmöbel mit vier Türen und einer Sekretär-Klappe. Welche Geheimnisse verbargen sich wohl dahinter? Mit verwunderten Augen schauten wir hinein, wenn die Eltern uns mal einen Blick erlaubten. Wenn doch all diese Dinge hätten erzählen können: alte Teller, Spielzeug aus der Generation vorher, eine Blech-Spardose mit Zählwerk für den 1905 erstgeborenen Sohn Fritz, Metallbaukästen der Brüder aus der Zeit um 1920, Papiere und viele weitere Dinge. Der Schrank wird noch heute in Ehren gehalten. Er ist von unserer jüngsten Schwester Marlies aufgearbeitet worden und steht jetzt in ihrem Wohnzimmer. Darauf wird so manches alte Schätzchen ausgestellt, wie zum Beispiel die schöne, bunte Blech-Spardose unseres Vaters Fritz, ein Geschenk seiner Tante Ida.

Vor 1950 wird dieses Steinzimmer auch als Schlafkammer für Knechte gedient haben, die damals auf dem Hof gearbeitet haben. Vom Heuboden aus ließ sich erkennen, dass dieses Zimmer auf der Betondecke des Kuhstalls gemauert wurde und eigentlich nicht Teil des Wohnhauses war. Ob irgendwann sogar eine Tür zum Heuboden und zum Kuhstall existierte? Die Knechte mussten ja auch in der Nacht wachsam sein und horchen, ob bei den Tieren alles in Ordnung war.

Manches wird im Dunkeln bleiben, manches haben wir allerdings auch nach Jahrzehnten noch entdeckt: So fanden wir in der alten Sitzbank-Truhe unter der Speichertreppe weiße Berufskleidung sowie Briefe und Papiere unseres verstorbenen Onkels Walter Kotthaus. Er war Bäckermeister, und wie sein Bruder Wilhelm, ist auch er im 2. Weltkrieg gefallen. Im Wohnzimmer hing ein großes Familienfoto mit allen sechs erwachsenen Kindern unserer Großeltern, und immer, wenn die Rede auf diese beiden Brüder kam, hieß es in unserer Familie: „Sie sind vermisst". Offenbar hatte unser Vater nie die Hoffnung aufgegeben, die geliebten Brüder doch noch wiederzusehen.

Familie Kotthaus: unsere Großeltern (Mitte) mit ihren erwach-senen Kindern und der ersten Schwiegertochter (ganz links).

Der Speicher unseres Hauses war ein guter, luftiger Trockenraum. Hier, links am Kamin, von der Speicher-treppe aus schnell zu erreichen, lagerten die Zwiebeln aus dem Garten. Von der Decke hingen Bündel mit Pfefferminze. Da wir Kinder aber wohl nicht gerne Pfef-ferminztee tranken, gab unsere Mutter das Trocknen von Pfefferminzblättern bald auf. Von der rechten Seite der Speichertreppe gut zu sehen, hatte die große Weih-nachtskiste ihren Platz. Natürlich gehörte in den ers-ten zehn oder elf Jahren unserer Kindheit diese Kiste zu den großen, unentdeckten Geheimnissen in der Fami-lie. Später, nach dem Tod unserer Mutter, fanden wir in dieser großen Schachtel so vieles, was in den Kinderjahren den Zauber der Weihnacht ausgemacht hatte: alte versilberte Glöckchen, eine oxidierte Christbaumspitze, versilberte Vögelchen zum Anklemmen auf Tannengrünzweige, kleine weiße Plüsch-Schäfchen mit so dünnen Beinchen, dass sie ständig umfielen, unser altes, mehrfarbiges Papp-Krippenbild mit der Heiligen Familie, den Hirten und den heiligen drei Königen. In den Kindertagen sahen wir höchstens noch die langen Holzlatten, eingehängt an Haken unter dem Dach. Musste im Herbst und Winter Wäsche getrocknet werden, war das immer viel Arbeit für unsere Mutter. Zuerst mussten auf dem „Oller" (Speicher) der Boden gefegt oder feucht aufgewischt und anschließend die Holzlatten abgewaschen werden. Die frische Wäsche durfte ja nicht wieder verschmutzen, denn jedes Teil wurde jetzt über eine Latte gehängt. Nur selten haben wir heranwachsenden Töchter geholfen, hier sauberzumachen oder Wäsche aufzuhängen. Später, beim Leerräumen des Speichers, haben wir hier noch viel entdeckt: alte Bilderrahmen, alte gedrechselte Stuhlbeine, Kistchen mit Stoffresten, unsere Puppen aus Kindertagen, sehr, sehr viele Schulhefte, Bücher, selbstgemalte Bilder aus unserer Schulzeit – viele Kisten voll. Unsere Mutter muss diese Teile wohl alle hinaufgetragen haben.

Neben diesen Erinnerungskisten stand eine große „Übersee-Kiste aus Holz", wahrscheinlich aus der Missionarsfamilie. Vieles, was früher eine große Bedeutung gehabt hatte, fand darin Platz: Bücher und Aufzeichnungen aus der Landwirtschaftsschule, alte Rechnungen und ein Scheren-Fernrohr aus dem 1. Weltkrieg. Unter dem Gebälk am Fensterchen zur Straße hin lagerten viele Briefe und Unterlagen des Bruders Wilhelm, die Zeugnis gaben von seiner Begeisterung für Pferde. So schrieben 1930 Klassenkameraden in der „Abschluss-Zeitung der Winterschule" schon über ihn: „Ganz vorne links in der Klassenecke sitzt Wilhelm Kotthaus, unser Kecke! Als Humorist ist er bekannt... Wurd van der Pädzucht dann gekallt, let hä sech nix vöermaken." (Wurde von der Pferdezucht gesprochen, ließ er sich nichts vormachen).

Küche

Bei unseren Eltern herrschte eine klare Aufgaben-verteilung. Zwar arbeiteten sie täglich im Stall und auf dem Feld „Hand in Hand", aber die Arbeiten in der Küche waren ausschließlich für die Hausfrau be-stimmt. Wir Töchter sahen mit Interesse zu oder hal-fen mit. Beim Backen bestand die Hilfe zunächst im Topfausschlecken – wunderbar, wie der süße Teig von den Fingern schmeckte. Keiner fragte danach, ob die Eier Salmonellen enthalten konnten. Wir blätterten mit erwachender Leidenschaft in dem einzigen Back-buch und bestaunten die überwiegend schwarz-weiß abgebildeten Torten. Dementsprechend abgegriffen und verschmutzt sahen die beliebtesten Seiten aus. Bis zum Tod unserer Mutter hatte das Buch „Dr. Oetker: Backen macht Freude" seinen festen Platz oben links im Küchenschrank. Der Samstag war ein anstrengen-der Arbeitstag, für den Sonntag und für die Woche drauf wollte Einiges vorbereitet werden. Auf dem gro-ßen Küchentisch wurde der Kuchenteig angerührt. Es gab im Wechsel Marmorkuchen, Rosinenkuchen oder Zitronenkuchen aus der großen Napfkuchenform. Un-ser Vater schätzte sein tägliches Kuchenstück auf einer Scheibe Schwarzbrot ganz besonders. Bevor es zur Stall-arbeit ging, war das für ihn ein Hochgenuss!

Für uns Kinder war unsere Küche, verglichen mit den Stuben der Bauernverwandten, die schönste weit und breit. Meine Cousine Maren aus Schönwalde hat ihr Leben lang von dieser Küche geschwärmt. Es war eine große, gemütliche Wohnküche mit zwei großen Fenstern zu verschiedenen Himmelsrichtungen. Durch ein Fenster konnten wir zur Straße hinausschauen, auf das Schieferhaus gegenüber, in dem sich die Gastwirtschaft „Holthauser Höhe" befand. Als unser Vater damals, 1948, zum ersten Mal mit seiner Anna nach Holthausen ging, sagte diese entsetzt: „Aber Fritz, so nah an einer Gaststätte?" Aber sie brauchte keine Angst zu haben, unser Vater hat sich nur eine Flasche Bier in der Woche gegönnt. Und in die Gaststätte hat er sich nie gesetzt, nur später mit seinen Töchtern und Verwandten zur Silberhochzeit im Juli 1975. Da ging Anna dann auch gerne mit. In meiner Kindheit war die Luhnsfelder Höhe (früher „Cronenberger Straße") noch eine kaum befahrene Straße ohne Bürgersteig und ohne Beleuchtung. Wir Kinder konnten, auf der alten langen Bank stehend, immer einen Blick nach draußen werfen. Ob sich da was tat? Aber meistens tat sich da nichts. Und wir mussten aufpassen auf die akkurat aufgehängten Scheibengardinen. Die durften keinen Millimeter verändert werden, denn der gefällige Faltenwurf war Mamas ganzer Stolz. Das Fenster zum gepflasterten Hof bot da manchmal schon mehr Abwechslung, wenn sich eine Schiebetüre öffnete, der Vater oder Helfer mit Arbeitsgeräten über den Hof gingen oder gar der schwere Heuwagen ankam. Die Flügel des Küchenfensters waren fast immer einen Spalt breit geöffnet – „auf Klammer" – so war für gute Belüftung gesorgt, und Küchendünste waren auch ohne diesen lauten, modernen Dunstabzug, der Gehör und Nerven strapaziert, kein Problem.

Unsere Mutter im Lehnstuhl in der Küche.

Schellte es an der Türe, so schauten wir immer erst durchs geöffnete Fenster nach, wer da kam. Auch der Einkauf war so gesichert, denn wenn keiner aus der Familie in Hörweite war, legte der Bäcker Luckhaus das Brot auf das Fensterbrett. Entweder fand er das Geld im Briefumschlag vor, oder es wurde beim nächsten Mal bezahlt. Da war es günstig, dass wir auch beim Einkaufen feste Gewohnheiten hatten: ein Mischbrot, ein Mangbrot, zwei Pfund Schwarzbrot. Der Metzger Zöllner brachte am Wochenende die gewünschten Fleischwaren, und auch er reichte sie durch das Fenster herein: anderthalb Pfund Fleisch – im Wechsel Schwein oder Rind – dazu je ein Stück fetten und mageren geräucherten Speck, ein Viertelpfund Fleischwurst, ein Viertelpfund Dauerwurst und Schinken. Das Geld holte unsere Mutter aus dem Küchenschrank. In der Vitrine stand das kleine, violette Glasschälchen mit dem Kleingeld, das sie durch den Milchverkauf im Stall eingenommen hatte. Ein abgegriffenes Portemonnaie enthielt vielleicht noch einige kleine Scheine. „Ist dir das denn nicht zu gefährlich, das Geld einfach offen liegen zu lassen?", fragte die Schwägerin aus Holstein einmal. Erstaunt schaute unsere Mutter sie an und sagte: „Nein!" Es wäre uns Mädchen im Traum nicht eingefallen, Geld aus dem Schälchen oder dem Portemonnaie zu nehmen. Als wir dann in die Volksschule kamen, gab uns die Mutter hin und wieder einen kleinen Einkaufsauftrag mit auf den Weg. Auf dem Rückweg von der Schule kamen wir nach ca. 30 Minuten Fußweg an dem kleinen „Tante Emma-Laden" an der Holthauser Straße vorbei. Mal ließen wir uns in die mitgebrachte kleine Flasche Maggi nachfüllen, mal kauften wir Puddingpulver oder ein Tütchen Einmachhilfe. Ging der Kaffeevorrat zu Hause zur Neige, holten wir 1/8 Pfund geröstete Kaffeebohnen. Unsere Mutter konnte sich immer drauf verlassen, dass wir mit dem passenden Wechselgeld nach Hause kamen. Wie gut, dass ich eine graue Federmappe mit eingearbeitetem Geldfach hatte, hier konnte man die Münzen gut verwahren. Hatten wir mal zu wenig Geld dabei, wurde im kleinen Heftchen der Frau Ratheiser hinter der Ladentheke „angeschrieben". Salz, Zucker und Mehl kauften wir nie im Geschäft, denn das bekamen wir bei der Genossenschaft Remscheid-Lüttringhausen am Bahnhof in größeren Mengen und für Bauern preisgünstig. Gelagert wurde es in großen, grauen Steintöpfen oben im Kämmerchen unter der Speichertreppe. Und es war oft die Aufgabe von uns Kindern, von diesen Grundnahrungsmitteln etwas für den Küchenvorrat herunterzuholen. Öffnete man links am Küchenschrank eine kleine Türe, sah man in eine Holzwand eingelassen eine kleine Glasschütte mit Salz, eine mit Zimt-Zuckergemisch, darunter eine große mit Zucker und eine große mit Mehl. Auf der rechten Seite befanden sich gleich große Vorratsfächer für Kaffee, Tee und Sonstiges. Kaffee war ein kostbares Genussmittel. Unsere Mutter konnte Becking-Kaffee direkt in Hamburg bestellen, von wo aus sie in regelmäßigen Abständen ein kleines Päckchen per Post zugeschickt bekam. In ein Herrentaschentuch eingenäht, fanden wir die gerösteten Kaffeebohnen vor, die vorsichtig in eine Metalldose eingefüllt wurden. Die Naht des Taschentuchsäckchens wurde aufgetrennt und das Tuch zunächst zum Waschen in den großen, alten Weidenkorb gelegt. Zum Kaffeekochen wurden dann die Kaffeebohnen – nicht zu viele – oben in die Holz-Kaffeemühle gefüllt und frisch gemahlen. Das übernahmen wir Töchter gerne; die Kaffeemühle zwischen die Beine geklemmt, und den Schwengel mit der rechten Hand gedreht. Ein leicht knarrendes Geräusch ertönte, und unten im kleinen Holzschubfach landete das gemahlene Endprodukt. Verheißungsvoller Duft für die Erwachsenen – ein faszinierender Verwandlungsprozess für uns Kinder! Beim Kaffeekochen entstand natürlich „Kaffee mit Mott", also mit Kaffeesatz unten. Filterkaffee lernten wir erst viel später kennen. Unterhalb dieses Schrankteils, unter der „Anrichte", befand sich das Brotfach. Die kleine Türe war innen mit dünnem Metall beschlagen. Dies diente nicht nur der Isolierung, sondern auch wohl der Hygiene. In diesem Fach stand ein hölzerner Brotteller mit der Aufschrift „Unser täglich Brot gib uns heute", auf dem sich vielleicht noch einige Scheiben Brot von der vorherigen Mahlzeit befanden. Daneben standen ein oder zwei Gläser selbstgemachte Marmelade, ein Töpfchen Rübenkraut, vielleicht ein Glas Honig. Auf den Brotscheiben stand griffbereit ein Glastellerchen mit einem Drittel aus einem Päckchen Butter. Hatten wir in einem Jahr wenig Marmelade, gab es Vierfrucht-Marmelade, abgefüllt aus einem Fünf-Liter-Eimerchen der Genossenschaft. Auch Rübenkraut, bei uns allen begehrt, gab es aus einem ebenso großen Metall-Eimerchen. Die Türgriffe und auch die Kanten waren trotz regelmäßiger Reinigung etwas schmierig und nach jahrzehntelanger Benutzung auch ein wenig abgegriffen. Nichtsdestotrotz blieb dieser Küchenschrank bis zu Mutters Tod immer im Einsatz, so vertraut und geachtet, dass er mittlerweile bei ihrem ältesten Enkel Matthias steht, gut aufgearbeitet und poliert. Damals fand alles Wichtige darin dicht gedrängt seinen Ort. Hinter der unteren, großen Türe standen rechts die Töpfe, Schüsseln und Schalen. Als Kleinkinder durften wir hin und wieder zwei Topfdeckel nehmen und sie lautstark gegeneinanderschlagen, um Musik zu machen.

Stall

Auf unserem Bauernhof drehte sich alles um die Kühe. Ihre Bedürfnisse, wie satte Weiden zum Abgrasen, Silage als Winterfutter, die Heuernte und der Anbau von Rüben zum Verfüttern standen im Vordergrund. Die Kühe gaben Milch und durch den Milchverkauf kam Geld auf den Hof. Ebenso durch den Verkauf von jungen Kälbern, Rindern und alten Kühen. In den ersten Jahrzehnten des 20. Jahrhunderts stellte der Bauernhof eine stattliche Anlage dar. Die Ländereien – Wiesen, Weiden, Ackerland, Hoffläche und Waldgebiete – beliefen sich auf fast 20 Hektar. Ein großer Bauernhof, wie auch die Nachbarn voller Bewunderung angaben. Mit dem Anbau des dritten Winkels, wahrscheinlich im Jahr 1911, hatten die Gebäude eine Hufeisenform mit einem zur Straße hin offenen, gepflasterten Hof angenommen. Links befand sich das 1½ - geschossige Wohnhaus aus Mauerwerk, die obere Etage war zur Straßenseite hin verschiefert. An das Wohnhaus angebaut war der lange Stall und im rechten Winkel dazu befanden sich Tenne und Scheune, etwa zehn Meter lang, wiederum im rechten Winkel dazu gab es noch den Geräteschuppen mit dem Pferdestall. In der ersten Etage des gesamten Komplexes aus Stall und Scheune war der Heuboden.

Die Familie unseres Vaters in dessen Kindertagen vor dem Hof.

Wer hätte damals gedacht, dass hier, im ehemaligen Pferdestall, die Schulzeit für meine Schwester Annegret und mich ihr Ende finden würde? Ende der sechziger Jahre, als wir schon längst keine Pferde mehr hatten, wurde der Pferdestall zu drei Garagen umgebaut. Und 1970, nach erfolgreich bestandener „Reifeprüfung", fand in den drei neu gebauten, sauberen Garagen ein Klassentreffen besonderer Art statt: eine fröhliche Abi-Feier mit den Mädels vom Kothen-Gymnasium, inklusive feierlicher Verbrennung der Schulbücher in großen Kartoffel-Draht-Körben vom Bauernhof!

Der Kuhstall mit Betonboden und -decke hatte in einer Reihe Platz für etwa 20 Kühe oder Rinder, die Tröge waren hoch gemauert. Obwohl „Rinder" der Allgemeinbegriff für diese Tiere ist, wurde im Bergischen Land das Jungvieh, also die weiblichen Tiere, die noch kein Kalb bekommen hatten, als „Rinder" bezeichnet. „Schwarzbunt" hieß die Rasse, die man üblicherweise im Bergischen hielt, also Tiere mit einer schwarz-weißen Färbung. Im Winter waren die Kühe und die ältesten Rinder angekettet, hinter ihnen konnte das hinfallen, was eben hinten hinfällt. Die Tiere lagen auf

Stroh, und so konnte man den mit Stroh vermischten Mist in der Rinne hinter den Tieren mit der Mistgabel voranschieben, das kleine schwarz angestrichene Holztürchen oben in der Mauer öffnen und eine Gabelladung nach der anderen sofort durch die Maueröffnung nach draußen auf den Miststreuer werfen. Hier, unter dem Dach, stand auch der Jauchewagen. Die flüssigen Fäkalien von Mensch und Tier flossen unterirdisch bis zur Entnahmestelle auf der Obstbaumwiese und wurden mehrfach im Jahr auf den Wiesen verteilt.

Unser Klo befand sich im Stall, vom Flur aus zwei niedrige, mit grobem Sackleinen belegte Steinstufen hinunter, dann rechts durch die Holztür. Es gab weder Wasserspülung noch Klopapier, zum Säubern benutzten wir in den ersten Jahren Zeitungspapier. Wenn ich dorthin musste, machte ich meistens die Türe einen Spalt breit auf, ich mochte nicht eingeschlossen dort sitzen. So schaute ich gegen die hoch gemauerten Kuhtröge. Wenn die Kühe im Stall standen, schauten mich die ersten aus der Reihe friedlich kauend mit großen Kulleraugen an, und ich fühlte mich deutlich wohler.

Kleinere und größere Kälber hatten Verschläge hinten im Stall, ebenso gab es einen Holzverschlag für die Schweine. Man musste die große, schwere Schiebetüre hinten öffnen, um mit der Schubkarre Futter aus den Silos zu holen. Der Stall befand sich an der Westseite. Wie oft hat uns damals Mama abends in den Stall gerufen mit den Worten: „Kommt schnell, schaut Euch den Himmel an! Wir haben solch einen schönen Sonnenuntergang!" Sie war es auch, die uns staunenden Kindern irgendwann in der Nacht den Sternenhimmel mit dem „Großen Wagen" zeigte. Ehrfürchtig blickten wir in den vor Sternen glitzernden Himmel. Hinten rechts im Stall gab es noch eine niedrige Türe mit Holzknebel-Verschluss und eine Treppe, die hinunter zum

Holzschuppen führte. Von außen konnten wir durch eine Schiebetüre mit dem Wagen Holz hereinschaffen. Im Winter, wenn es draußen keine Arbeit gab, mussten dann die Männer der Familie Holz spalten und mit der Kreissäge arbeiten. In den ersten Jahrzehnten nach dem Bau des Bauernhofes lebten neben dem Bauern Julius, seiner mitarbeitenden Ehefrau Emma und den helfenden Töchtern Alwine, geboren 1908, und Helene, geboren 1918, vier Söhne, die auf dem Hof mitarbeiteten: Fritz, geboren 1905, Wilhelm geboren 1909, Julius geboren 1911 und Walter, geboren 1913. In den fünfziger Jahren arbeitete unser Vater alleine als Bauer auf dem Hof. Er bediente auch die Kreissäge alleine. Wir Kinder mussten uns fernhalten, und die Mutter hatte Sorge, denn beim Sägen brauchte man volle Konzentration. Ein Onkel hatte sich bei der Arbeit mit der Kreissäge zwei Finger abgesägt, und das wird kein Einzelfall gewesen sein. Als wir nach dem Tod der Eltern in den Holzschuppen sahen, erblickten wir hinten einen riesigen langen Baumstamm von etwa einem Meter Durchmesser und mehr als zehn Metern Länge, der weit nach rechts in den Runkelkeller hineinragte. Wie dieser Stamm hier hineingekommen war, mit welchen Kräften von Mensch, Pferd oder Traktor, ist uns bis heute ein großes Rätsel.

Der Runkelkeller, ein Kellerraum mit festgetrampeltem Erdboden, der von der Stallmitte aus durch eine schräg liegende Türe mit etwa sieben Stufen nach unten zu betreten war, blieb uns Kindern damals weitgehend verschlossen. „Zu gefährlich", befand unsere Mutter. In unserer Vorstellung war es ein „Gruselkeller". Rübenanbau haben wir nicht jedes Jahr betrieben. Aber ich kann mich noch daran erinnern, dass ein riesiger Haufen von Runkelrüben auf den Hof gekippt wurde. Durch niedrige Klappen konnten dann die großen Früchte, deren Blätter auf dem Feld schon abgeschlagen worden waren, von außen in den tiefen Keller gestoßen werden. Ganz in der Nähe der schrägen Tür zum geheimnisvollen Keller hing unsere Schaukel von der Decke des Stalls herunter. Wir drei Mädchen waren beim Spielen mittendrin in der lebendigen Betriebsamkeit zwischen den Kühen.

Scheune

Von der Straße aus führte der Weg zur Scheune mehr als hundert Jahre lang über große Pflastersteine. Einige davon liegen heute vor dem alten, denkmalgeschützten Bauernhaus der Familie Illian „Im Farrenbracken". Wie viele Jahre lang fuhr der volle Heuwagen über den gepflasterten Hof durch die Schiebetüre in die Scheune hinein! Diese hatte keinen gemauerten Boden, sondern dicke Holzbohlen, die das Gewicht des Wagens aushalten mussten.

Wenn man in der Scheune auf dem vollen Wagen stand, konnte man das trockene Futter nach links oben auf den Heuboden über dem Stall werfen. Hier wartete dann die zweite Person mit der Heugabel und beförderte Heu oder Stroh bis in den hintersten Winkel. Manchmal hatten wir so viel Heu, dass wir Kinder in der stickigen Luft über das piksende Heu kriechen mussten, um es anzudrücken. Mit Röckchen und nackten Beinen war das kein Spaß! Außerdem hatte man kaum Luft zum Atmen, so stickig und heiß war es so dicht unter dem Dach. Schweiß und Staub setzten den Augen und der Haut zu. Aber durch dieses „Festtrampeln" erhielten wir mehr Platz zum Lagern. In späteren Jahren wurde dann das „Gebläse" angeschafft: Neben dem Heuwagen befand sich eine große Metallwanne, die das Heu auffangen konnte. Ein meterlanges Rohrsystem, welches verstellt werden konnte, leitete Heu oder

Stroh weiter bis in die gewünschte Abteilung des Heubodens. Angetrieben wurde das Gebläse durch einen Generator mit breiten, ledernen Transmissionsriemen, die die Kraft übertrugen. Oben auf dem vollen Heuwagen stand unser Vater oder auch die Mutter, nahm mit der Gabel Heu auf und warf es in die Wanne. Die saugte sofort alles auf, leitete es durch die Rohre hindurch, und in weiter Ferne wurde es wieder ausgespuckt. Natürlich war es nicht wenig Arbeit, die Rohre mit passenden Metallringen zusammenzubauen, zu verlängern oder zu verkürzen.

Samstags halfen auch schon mal die Nachbarn Bleßner oder July, den Wagen abzuladen. Es musste schnell gehen, womöglich sollte noch ein weiterer Wagen eingefahren werden. Bei drohendem Gewitter drängte die Zeit sehr. Wenn dann July, ein Schmied mit ganz erheblichem Bauchumfang, in der Küche vor seinem Teller Erbsensuppe saß, sagte er wohl nach dem dritten oder vierten Teller satt und zufrieden: „Nu batt ett aber" (Jetzt reicht es aber). Wer mit seinen starken Armen jeden Tag so tüchtig anpacken muss, braucht mit Recht viel zu essen! Zunächst war Herr July mit dem Motorrad zur täglichen Arbeitsstelle gefahren, nach wenigen Jahren konnte er sich dann einen Kleinwagen leisten. In einem Winkel unserer Scheune bekam er einen Garagenplatz für das Fahrzeug. Nun hatten wir also ein Auto auf unserem Hof stehen, einen Zündapp Janus. Mit seinem Front- und Heckeinstieg sah er von vorne wie von hinten nahezu gleich aus. Herr July öffnete die breite Vordertür, setzte sich hinter das Lenkrad und schloss die Tür. Seine Frau stieg durch die Hintertüre ein. Ihr Sitzplatz ermöglichte ihr nur den Blick nach hinten. So rollten sie, Rücken an Rücken, langsam in ihrem Janus vom Hof, und wir blickten ihnen mit ungläubigem Erstaunen nach.

In unserer kindlichen Vorstellung hatten wir unendlich viel Platz für Heu und Stroh: auf dem Heuboden über dem Stall, in dem zweiten Trakt auf zwei unterschiedlich hohen Bretterböden und in dem dritten Trakt oben. Es war immer ein Erlebnis, wenn der Vater mit uns kleinen Kindern durch alle Scheunen ging. Von der Tenne aus nahmen wir die wenigen Stufen über die kleine Holztreppe hoch, vorbei an dem Sicherungskasten für Starkstrom. Der Handlauf rechts war schlank und wie blank poliert von Fett und Schweiß der Hände, die ihn in all den Jahrzehnten angefasst hatten. Hier oben zeigte uns der Vater die alte Dreschmaschine, den Dreschkasten aus Holz, mit rosafarbenem Anstrich. Heute gab es kein Ausschlagen der Körner mit dem Dreschflegel mehr. Wochen-, ja monatelang waren Männer in der arbeitsärmeren Zeit im Winter damit beschäftigt gewesen, als Vater klein war. Nun, auch schon in den ersten Jahren meiner Kindheit, gab es die Dreschmaschine. Diese Maschine wurde durch den Traktor oder durch Elektrokraft angetrieben. Dabei wurden die Ähren zwischen einer schnelllaufenden Trommel und einem sie umschließenden, feststehenden Korb entkörnt. Mehrere Siebe trennten „die Spreu vom Weizen". Oben wurden die Halme mit den Ähren aufgelegt, unten, durch ein offenes, schräg nach unten laufendes Holzfach, rieselten die Körner heraus und wurden sofort in Säcke abgefüllt. Schrot, selbst gemahlen in der „Wannmühle", und Rübenschnitzel dienten als Kraftfutter für die Kühe und Schweine. Roggen wurde verkauft, Weizen wurde bei uns im Bergischen Land, wo es so viel regnet, kaum angebaut. Als wir noch Pferde hatten, bekamen sie Hafer und Gerste aus eigenem Anbau. Das Stroh verwendeten wir im Kuhstall als Einstreu, damit die Tiere nicht auf dem nackten, harten Beton lagen. Bei unseren Gängen durch die Scheune mussten wir auf die beiden offenen Schächte aufpassen, die nach unten in den Stall führten. Später, als wir größer waren, haben wir dem Vater beim Mauern der Ziegelwand geholfen. Die Außenwand musste ausgebessert werden. Draußen war die Wand jetzt wieder geschlossen, aber drinnen musste man sehr achtgeben. Der Fußboden der Scheune war nicht mehr überall in Ordnung, morsche Bretter machten das Betreten gefährlich. Deshalb war es unserer Mutter auch nicht lieb, wenn wir diese großen Gänge unternahmen. Zum Glück hat sie es nicht mehr erlebt, als ein Teil des hinteren Winkels der Scheune bei einem Sturm zusammenbrach. Mit lautem Getöse fiel die dünne Ziegelsteinmauer in sich zusammen und gab den Blick nach innen frei. In der aktiven Zeit unserer Landwirtschaft hatte das Gebäude Platz für große Geräte und Maschinen und für die Arbeit mit der Kartoffelsortiermaschine geboten. Später war es noch von den Arbeitern der Rosengärtnerei genutzt worden. Jetzt blickte man in eine fast leere, verstaubte Halle mit mächtigen, aber zum Teil geborstenen Stützbalken.

Unser Bauernhof von der Luhnsfelder Höhe aus gesehen.
(ehem. Cronenberger Straße)

Mutter im Garten vor dem Haus.

Familienleben und Alltag

Erinnerungen

Mein Vater starb zwölf Jahre vor der Jahrtausendwende im Alter von 83 Jahren, meine Mutter zwölf Jahre nach der Jahrtausendwende mit fast 92 Jahren. Damit bildeten meine beiden Schwestern und ich nun die nachgerückte Generation aus dem alten Bauerngeschlecht Kotthaus. Der Bauernhof unserer Familie lag am Ortsrand von Wuppertal-Ronsdorf in der Nähe der Klinik Bergisch Land, „auf Holthausen". Nie hatten wir drei, nachdem wir als junge Frauen von zu Hause ausgezogen waren, den Haustürschlüssel abgeben müssen. Kurz nach dem Tod unserer Mutter traten wir ein in unser Elternhaus, schweigend. Alle Möbel waren uns von Kindheit an über die Jahrzehnte hinweg vertraut. Der Lehnstuhl in der Küche, auf dem noch bis vor wenigen Wochen stets unsere Mutter gesessen hatte, war leer. Trauer und Stille hüllten das ganze Haus ein wie ein schwerer Nebel. In Erinnerungen versunken lenkte ich meine Schritte zu dem alten Küchenschrank und öffnete die kleine Schranktür links. Dort lag noch immer ein alter Holzkasten mit ganz besonderen Utensilien. Einmal am Tag, frühmorgens, wurde er herausgeholt. Meine Schwester Annegret und ich standen links und rechts neben unserem Vater auf dem Sofa und schauten stets interessiert zu. Marlies, unsere jüngste Schwester, war noch nicht geboren. Nun wurde der Kasten geöffnet, und Rasierpinsel, Seife und Rasiermesser wurden herausgeholt. Im aufgeklappten Deckel befand sich ein Spiegel, in dem wir drei uns abwechselnd betrachten konnten. Wenn unser Vater sich rasiert hatte, durften wir Kinder Kamm und Bürste aus dem Kasten nehmen und seine Haare kämmen. Liebevoll strichen wir immer wieder über sein dunkles Haar. Wir gaben uns stets große Mühe, ihm vorne am

Scheitel eine Welle zu frisieren. Sowohl wir Kinder, als auch unser Vater liebten dieses morgendliche Ritual. Er war sehr stolz auf seine beiden Mädchen, und wir waren stolz auf ihn. Sonntags ging er dann mit uns spazieren, frisch frisiert und im guten, langen Mantel, und unsere Mutter hat fotografiert.

Unser Vater mit seinen beiden „großen" Mädchen.

Außer dem hellbraunen Kasten befanden sich noch weitere schöne Dinge in diesem Schrankteil: ein kleines Märchenbuch, das schon unser Vater als Kind besessen hatte, das allseits bekannte „Struwwelpeter"-Buch sowie „Max und Moritz". Meine Schwester Annegret und ich waren fast gleichaltrig. Für uns waren es schon besondere Stunden, vielleicht sonntags, wenn unsere Mutter Zeit hatte, um uns vorzulesen. Als wir noch ganz klein waren, saßen wir rechts und links auf ihrem Schoß; später dann zu beiden Seiten neben ihr auf dem Sofa, welches in der Küche am Kopfende des großen Tisches stand. „Max und Moritz" durfte unsere Mutter nie ganz bis zu Ende lesen, denn zum Schluss wurden die beiden Lausbuben in die Kornmühle gesteckt und zermahlen. Das machte uns Kindern Angst, und wir begannen zu weinen. Das wollte sie auf jeden Fall vermeiden. Auch im „Struwwelpeter" kamen uns manche Geschichten in ihrer Grausamkeit recht fremd vor. Wie froh waren wir, dass in unserer Familie nicht damit gedroht wurde, dass ein Schneider käme, um uns die Daumen abzuschneiden. Auch Paulinchen kam nicht in unsere Küche und spielte nicht mit Feuer. Welches Märchen uns das liebste war? Vielleicht Rotkäppchen und der böse Wolf, vielleicht auch Aschenputtel.

Dieses Sofa in der Küche war für uns alle ein wichtiges Möbelstück. Bei den Mahlzeiten nahm unser Vater darauf Platz, am Kopfende des Tisches. Wir kleinen Mädchen saßen beim Essen und Spielen auf Fußbänkchen, die auf die lange Bank gestellt wurden. Diese Bank war ein mindestens genauso wichtiges Möbelstück wie das Sofa. Vier Generationen haben mittlerweile schon auf ihr Platz gefunden. Kam in der Woche Besuch, angemeldet oder unangemeldet, saß man selbstverständlich in der Küche und nahm auf der Bank oder auf einem Stuhl Platz. Das Wohnzimmer wurde nur sonntags für die Kaffee-Visite im Kreis der Verwandten benutzt. Waren wir allein, war die Küche auch sonntags unsere „gute Stube". Platz gab es in unserer Küche wahrlich genug. Vorne am Tisch, über Eck neben unserem Vater, hatte die Mutter ihren Sitzplatz. Auch nach seinem Tod saß sie zu den Mahlzeiten hier; ganz allein, ohne Mann und Kinder, den Tisch immer noch in bekannter Größe ausgezogen und mit Sofa und Bank im Blick. Wie oft sind wir Kinder über dieses Sofa, dann über die lange Bank gelaufen und von deren Ende heruntergesprungen, vorne am Tisch entlang, dann wieder über das Sofa und immer rund herum. An Regentagen war das ein beliebtes und nicht verbotenes Laufspiel.

Besondere Freude bereitete es uns, wenn ein Paket mit abgelegter, gebrauchter Kleidung von den „Marscheider Mädchen", unseren beiden älteren Cousinen, eintraf. Wie spannend es war, dieses Paket auf dem Küchentisch zu öffnen und die Kleider und Röcke, vielleicht auch Jacken anzuprobieren. Gemeinsam überlegten wir, ob irgendein Teil noch geändert werden musste. Eines dieser Pakete enthielt eine wunderschöne, rostfarbene Jacke mit Eichhörnchen-Bordüre vorne, aber leider nur eine. Da hat unsere geschickte Mutter mit passendem Garn und viel Liebe die Jacke nachgestrickt, sodass meine Schwester und ich beide eine hatten.

Eltern

Emmi, die älteste Schwester meiner Mutter, war schon zehn Jahre alt, der Bruder August gerade erst ein Jahr, da wurde in der Familie Frische auf Spieckern das dritte Kind geboren. Dieses Kind starb als Säugling nach wenigen Monaten an Entkräftung, verhungert an der Brust, weil die junge Wöchnerin als Bäuerin so hart arbeiten musste. Dann kam 1920, ein Jahr später, das nächste Mädchen auf die Welt; klein, zierlich, mit geringem Geburtsgewicht: meine Mutter. Man machte den Eltern keine große Hoffnung, aber sie überlebte. Bei der Einschulung wog die kleine Anna nur 14 Kilo, sie blieb in der Altersgruppe die dünnste, aber nicht die dümmste. „Alle eure Sorge werfet auf ihn, denn er sorgt für Euch!", so lautete 1934 der Denkspruch zu ihrer Konfirmation. Da hatten die Eltern auf Spieckern schon oft Annas Geburtstag gefeiert.

„Was für ein Fimmchen bringst du uns denn da?", so wurde mein Vater von seinen Eltern gefragt, als er ihnen seine Braut vorstellte. Da war die Braut 28 Jahre alt und hatte zu Hause auf dem Bauernhof in allen

Bereichen schon tüchtig gearbeitet. So schlank war sie, dass Fritz sie mit seinen beiden Händen an der Taille komplett umfassen konnte. Sie sah nicht aus wie eine Bäuerin, die schwere Arbeit verrichten konnte. Aber sie konnte. Und sie musste. In den ersten Ehejahren wurde unser Vater Fritz schwer krank. Er wurde von schmerzhaften Rheuma-Schüben befallen, sodass er sich beim Gehen nur von Stuhl zu Stuhl hangeln konnte. Unvorstellbar, welch harte Männerarbeit die junge Bäuerin da noch zusätzlich leisten musste. Die Großeltern, die normalerweise leichte, mithelfende Arbeit auf dem Hof oder bei der Kinderbeaufsichtigung hätten übernehmen können, waren bereits vor der Geburt des ersten Kindes gestorben. Sie waren schon alt gewesen, als mein Vater mit 45 Jahren geheiratet hatte.

Unsere Eltern als junges Paar.

„Handarbeit" bedeutete wirklich, dass meine Mutter von morgens bis abends mit den Händen gearbeitet hat. Das, was heutzutage meist durch Knopfdruck oder Betätigen eines Kippschalters in Gang gesetzt wird, musste damals mit der Hand geleistet werden. Das fing morgens mit dem Melken und Füttern der Kühe an.

Beim Melken haben wir Vater und Mutter einträchtig miteinander arbeiten gesehen. Welch ein Glück für uns Kinder! Der Vater war für uns jeden Tag in seiner Arbeit sichtbar, nur donnerstagabends „verschwand" er meistens. „Machst du den Rest, kann ich schon mal?", bat Fritz seine Anna, als noch mehrere Kühe gemolken werden mussten. Und Anna führte die Arbeit mit Melken und Melkgeschirr-Spülen fort, damit Fritz schnell die Stallkleidung ablegen und sich für die Chorprobe fertigmachen konnte. Rasch wusch er sich Gesicht, Hals und Hände am Spülstein im Flur. Das bunte Handtuch am Haken war schon seit Sonntag von der ganzen Familie im Gebrauch. Schon als junger Mann hatte unser Vater mit großer Begeisterung im evangelischen Männerchor mitgesungen und ließ kaum eine Probe aus. Wie gerne hätte wohl auch unsere Mutter sich einem Gemeindekreis angeschlossen, hatte sie doch in ihrem Heimatort Walbrecken in einer Schar von Mädchen Laute gespielt und die Geselligkeit in der Gruppe geliebt. Als sie aber einmal Anfang der fünfziger Jahre in Ronsdorf im Mütterkreis war und gefragt wurde: „Fehlt dir noch was?", konnte sie nur antworten: „Ja, ein Bett!" „Brauchst du noch ein Kinderbettchen?" fragte ihre Cousine. „Nein, nur mein eigenes", war ihre Antwort. Als Bäuerin und Mutter von anfangs zwei, später drei kleinen Kindern, war sie wohl stets übermüdet und konnte sich den „Luxus" eines Kirchenkreises nicht leisten. Allein eine Wegstrecke hätte schon mehr als 20 Minuten gebraucht – und das nach der anstrengenden Tagesarbeit.

Und donnerstags, wenn Fritz zur Chorprobe gegangen und die kleinen Kinder ins Bett gebracht waren, fing sie an, die Küche zu putzen, denn jetzt konnte keiner mehr über den nassen Boden laufen. Immer wieder das Schrubbtuch aus dem Putzwasser holen, kraftvoll auswringen und um den Schrubber schlingen. Wie viele Stiele von Besen, Schrubbern, Heugabeln, Mistgabeln, Harken und Hacken mag sie umfasst und damit gearbeitet haben? Sie hat im wahrsten Sinn des Wortes fest zupacken müssen. Mittags dann hat sie mit ihren Händen Küchenmesserchen, Holzlöffel und Stampfer benutzt, um das Essen zuzubereiten und die schweren, alten Pfannen vom Mauervorsprung „auf halber Kellertreppe" geholt. „Das spürt man in den Armen", pflegte sie zu sagen. Und immer wieder nahm sie den Besen in die Hand, um den großen Hof und den Steinplatz vor dem Haus zu fegen. Die Hacke, die sie im Garten gebrauchte, war nach Jahren ganz abgewetzt, sodass dringend eine neue gekauft werden musste. Der Spaten, den sie mit in die Ehe gebracht hatte, und mit dem ihr die Gartenarbeit gut von der Hand ging, hatte zum Schluss nur noch ein ganz kleines, dünnes Blatt. Jahrzehntelang hatte sie damit gearbeitet, bis ihre Knie nicht mehr mittaten. Schmerzen hatte sie wohl, aber geklagt hat sie fast nie. Die Hände zeigten schon lange Spuren vom harten Arbeiten und ständigen Zufassen. Vor Dreck und Verletzungen hatten meine Eltern keine Angst, Arbeitshandschuhe haben sie nie benutzt. Welch große starke Hände unser Vater hatte! In gesunden Jahren konnte er damit kraftvoll arbeiten. Wir Kinder bewunderten ihn. Wie zielsicher er Nägel einschlug, wie kräftig er mit dem Hammer Stemmeisen und Eichen-Zaunpfähle in den Boden schlug! Der Hammer sauste von oben herab und es hallte wider von den Schlägen. „Die Zaunpfähle hab‘ ich selbst gemacht," erzählte er uns. Dabei durften wir ja nicht zugucken, weil es „zu gefährlich" war. „Mehrere Metallkeile habe ich bei langen Stammabschnitten angesetzt, mit dem schweren Hammer draufgeschlagen und dann gespalten. Das Holz muss noch frisch sein, sonst geht es nicht gut!"

Nach der Arbeit führte er die Pferde ruhig und mit sicherer Hand in den Stall, vom Küchenfenster aus konnten wir es beobachten. Vater kannte sich mit den

Tieren gut aus. Fast alle kannte er von Geburt an, natürlich auch die Kühe. „Schaut euch hier die Rosi an", sagte er zu uns Mädchen, als wir mit ihm im Stall standen. „Als Kälbchen hat es kaum überlebt, die Mutter hatte solch eine schwere Geburt. Und jetzt ist sie diejenige, die selber schon drei gesunde Kälber geboren hat." Vater wusste Bescheid. Als 18-Jähriger hatte er die Landwirtschaftsschule in Remscheid-Lennep besucht und die Theorie gelernt. Fächer wie „Ackerbau", „Pflanzenbau", „Viehhaltung", „Fütterung", „Rechnen" und „Messen" gab es auch damals schon. Grundlagen der landwirtschaftlichen Chemie und Physik interessierten meinen Vater auch sehr. Viele Gleichaltrige gingen mit in diese „Winterschule". Jetzt, in den arbeitsärmeren Zeiten, konnten die Bauernsöhne zwei Winter lang, jeweils von Anfang November bis Ende März, „die Schulbank drücken". Mein Opa, der im Stadtrat saß, setzte sich dafür ein, dass auch die Mädchen unterrichtet wurden. Ihnen wurde dann eine Wintersaison gestattet. Natürlich fand der Unterricht nach Geschlechtern getrennt statt. Für die jungen Frauen gab es Unterricht in „Gesundheits- und Kinderpflege", „Kochen" und „Hauspflege". Diese klassische Rollenverteilung haben wir in unserer Familie dann später auch so erlebt: Die Mutter war zuständig fürs Windelwechseln, Putzen und Kochen und brachte die Kinder ins Bett. „Wir haben unseren Vater aber doch schon mal in der Küche hantieren sehen!", behauptete meine jüngste Schwester. „Wenn das Küchenmesser stumpf war, dann hat er es mit dem Wetzstab geschärft." „Ja, und wenn sich das Glas Stachelbeeren nicht öffnen ließ, weil der Gummiring zu spröde war, dann rief die Mutter nach ihm!"

Unser Vater war zuständig für Reparaturen und das Beheben von technischen Problemen. Regelmäßig ein- oder zweimal im Jahr, wenn unsere Mutter anderweitig beschäftigt war, holte unser Vater die Melkmaschine in die Küche. Wir Kinder schauten fasziniert zu. „Jetzt wird die Melkmaschine sauber gemacht", erklärte er uns. „Wie viele kleine Teile das sind!", staunten wir, als er sie auf dem großen Küchentisch in viele Einzelteile zerlegte.

Mit mehr als 50 Jahren machte er den Führerschein für den Traktor und befasste sich mit der neuen Technik. Er wurde Treckerfahrer und „konnte alles"; wir Töchter bewunderten ihn. Wollte der Traktor einmal nicht anspringen, kannte er auch da „einen Trick": Er nahm die Anlasserkurbel und nach würgenden Geräuschen mit „hüa-hüa-hü", erst langsam, dann immer schneller werdend, sprang der Motor endlich an. Unser Vater behielt, wie es schien, immer die Ruhe. Mutter wurde ungehalten, wenn der Miststreuer defekt war. „Ob du den wieder repariert kriegst? Schon das letzte Mal hat es so viele Stunden gedauert!" jammerte sie. Das gute Wetter musste doch für die Arbeit auf dem Feld ausgenutzt werden!

Andere sahen wohl, dass unser Vater schon etwas älter war. „Ach, du bist wohl mit deinem Opa unterwegs?" wurde die kleine Marlies gefragt, als sie mit Papa im Schuhgeschäft stand, aber ihr war es egal. Unser Vater hatte auf alle kleineren und größeren Kinder eine so besondere Ausstrahlung, dass ihm die Kinderherzen sofort zuflogen, egal, ob es sich um Nichten, eigene oder fremde Kinder handelte. Und später, als Jugendliche, nahm Marlies ihren Vater mit in die Stadtbücherei. Mit großer Begeisterung holte Fritz sich regelmäßig neue Bücher zum Lesen. Erdkunde, Geschichte und Politik interessierten ihn sehr, besondere Artikel schrieb er sich sogar ab, um sich das Wissen „einzuverleiben". In der aktiven Zeit als Bauer hatte er regelmäßig die Seiten in „Feld und Wald" gelesen, um sich weiterzubilden. Im Radio hörten wir in der Familie

Landfunk, aber nicht Popmusik. Das war unserem Vater ein Gräuel. Und so bekamen wir als Jugendliche zu Hause von Jazz, Rock'n Roll und Beatles Songs nichts mit. Wenn dann der Vater Nachrichten oder Landfunk hörte, war unsere Mutter schon wieder mit den Händen beschäftigt.

Bei der Küchenarbeit nahm unsere Mutter fürs Schneiden fast nie ein Brettchen, sondern schnitt Kartoffeln, Möhren oder Bohnen „auf der Hand", gegen den Daumen, dessen Haut deutliche Risse aufzeigte. Manchmal waren die Einschnitte auch grau oder schwarz von der Säure der Früchte oder vom Schmutz. Die Fingernägel wiesen natürlich deutliche Zeichen der Arbeit auf. Ich sehe meine Mutter noch vor mir, wie sie in der Küche auf der Bank saß und vor dem Gang zur Kirche noch eilig versuchte, mit der Schere den Dreck unter den Nägeln zu entfernen. Wie sehr diese Hände zupacken konnten, das ist für uns heute unbegreiflich. Es war kein Wunder, dass Mutters Hände irgendwann nicht mehr so wollten, wie sie. Nach der Geburt der dritten Tochter zeigte sich eine Schwäche in den Händen, die zunehmend schlimmer wurde. Aber trotz dieser Einschränkung hat sie noch weiterhin die vertrauten Arbeiten in Haus, Hof und Garten verrichtet und nicht geklagt.

Wenn dann Mutters Geburtstag da war, passierte es so manches Mal, dass unser Vater ratlos, aber wenig erstaunt sagte: „Tja, Anna, ich hab' wieder nichts!" Nicht, dass er sie nicht geliebt und geschätzt hätte, aber in einigen Dingen war er etwas unbeholfen, so auch beim Kauf von Geburtstags- oder Weihnachtsgeschenken für seine Frau. Und so haben wir drei Töchter, in späteren Jahren, dann oft in seinem Sinne einen Pullover, eine Jacke oder ähnlich sinnvolle Geschenke eingekauft.

Schwestern

Unsere Mutter wollte ihre Kinder groß kriegen und
hat sich bemüht, gut auf sie aufzupassen. Nicht immer konnte sie in ihrer Nähe sein, denn sie hat sich
die Kleinkinder bei der Feldarbeit nicht auf den Rücken
gebunden und auch nicht den Kinderwagen mit in den
Stall genommen. Die damals übliche, starre Regelung
für Säuglinge: „Nach dem Füttern wieder ins Bett legen
und schlafen, nach vier Stunden die nächste Mahlzeit"
hat den Bäuerinnen ein wenig Freiraum für ihre Arbeit
gegeben. Aber ich war schon immer ein Frühaufsteher
und morgens vor der Stallarbeit war es für die Eltern
schwierig, unbemerkt aus dem gemeinsamen Schlafzimmer zu kommen. Die Schilderung, dass die Eltern oft vom Bett über den Boden zur Türe gekrochen
sind, um mich nicht zu wecken, hat mich immer zum
Schmunzeln gebracht. In meiner Vorstellung waren
unsere Eltern schon immer alt. Dabei war unsere Mutter, 15 Jahre jünger als der Vater, bei ihrer ersten Nie-
derkunft gerade 31 Jahre alt. Kurz vor meiner Geburt,
im Januar 1951, starb der Großvater, der mit auf dem
Hof gewohnt hatte. Die Großmutter väterlicherseits
war bereits im Frühjahr 1949 gestorben. Es gab also
weder Oma noch Opa, die mal die Kinder hätten hü-
ten können. Und Mama hatte bald zwei kleine Töchter

zu versorgen, meine Schwester Annegret wurde ziemlich genau ein Jahr nach mir geboren. Dank der guten Fürsorge zu Hause und der Bewegung an der frischen Luft wurden wir beiden Mädchen robust und widerstandskräftig. Erkältungen und Magenverstimmungen steckten wir schnell weg. Gegen hartnäckigen Husten bekamen wir eine Pellkartoffelpackung auf die Brust, zur Stärkung der Abwehrkräfte bekamen wir, wie auch in anderen Familien üblich, Lebertran. Zum Glück gab es bei uns die etwas angenehmere Form mit Orangengeschmack.

Wir spielten stets in der Nähe unserer Mutter, denn ein Kinderzimmer zum Spielen gab es zu der Zeit in unseren Kreisen nicht. Unsere Spielecke befand sich in der Küche vor dem Fenster zum Hof. So war es auch für unsere Mutter ideal, die ja viel in der Küche zu tun hatte. Dort gab es ein kleines Holztischchen, ein Bänkchen, ein Körbchen mit einigen Spielsachen, zunächst zwei gebrauchte, alte Puppenwagen, wohl aus Familienbeständen, später einen gemeinsamen, neuen Puppenwagen. Die Fürsorge, die wir von der Mutter erfahren hatten, übertrugen wir gerne auf unsere beiden Puppenkinder. Puppendoktor war damals der Friseur. War bei einem Puppenkind ein Bein lose oder gar ein Auge durchgedrückt und verschwunden, nahm der Vater beim Friseurbesuch die Puppe mit zur Reparatur in die Breite Straße. Unsere Bären hießen beide „Onkel Otto" nach unserem fröhlichen Onkel von Marscheid. Unsere jüngste Schwester Marlies wich allerdings später von dieser Tradition ab und nannte ihren Bären „Muck".

Als die Schulzeit anbrach, war unsere Mutter sehr froh, dass wir beiden Mädchen, Annegret und ich, den langen Schulweg von etwa 30 bis 40 Minuten gemeinsam machen konnten. Die Vorstellung, ein Kind hätte sich, egal zu welcher Jahreszeit, alleine auf den Weg machen müssen, hatte ihr Angst gemacht. Und so wurde ich ein Jahr vom Schulbesuch zurückgestellt, um dann mit meiner Schwester gemeinsam in der Volksschule zu starten – immer gleich angezogen, immer im gleichen Schritt. Wenn unsere Mutter uns mittags nach dem Schulbesuch wieder gesund zu Hause hatte, war sie erleichtert. Ja, und am allerliebsten war es ihr, wenn sie ihre Mädchen, von ihr beaufsichtigt, zum Spielen auf dem Hof hatte. Denn unser kleiner Mischlingshund Tell war schon unters Auto gekommen.

Im Sommer nach unserer Einschulung wurde unser Schwesterchen geboren. Wir beiden „Großen" durften den Namen für das Neugeborene aussuchen. Dabei orientierten wir uns an den Vornamen der Mädchen in unserem ersten Schuljahr. Marlies sollte sie heißen. Von der Schwangerschaft unserer Mutter haben wir nichts mitbekommen, ich kann mich kaum an ihren dicken Bauch erinnern. Damals wurde nicht monatelang darüber gesprochen, dass ein Kind unterwegs sei, schon gar nicht vor den eigenen Kindern. Vielleicht bestand auch Sorge, dass vor oder bei der Geburt irgendwas passieren würde. Als Bäuerin hatte man sowieso wie bisher weiterzuarbeiten, Vorsorgeuntersuchungen beim Hausarzt oder Frauenarzt waren in diesen Kreisen unüblich. Unser Vater hätte sich vielleicht, ja wahrscheinlich, einen Sohn als Nachfolger für den Bauernhof gewünscht, aber er hat nie darüber gesprochen. Die kleine Marlies wurde von uns allen geliebt. Annegret war jetzt sechs, ich sieben Jahre alt. Schon früh bekam Marlies das Fläschchen. Unsere Mutter hatte kein allzu großes Vertrauen in das ausschließliche Stillen eines Säuglings, war doch vor vier Jahrzehnten ihr eigenes Schwesterchen „an der Brust" verhungert. Auch das erste Kind ihrer Schwester Emmi war gestorben, weil es nicht genug Milch bekommen hatte. Wir durften

Marlies hin und wieder auch die Flasche geben, aber nur, wenn sie dabei im Kinderwagen lag. „Vom Schoß kann sie euch runterfallen!", so befürchtete Mama.

Schon damals hatte unsere Mutter Probleme mit den Händen. Aufgrund eines fortschreitenden Muskelschwunds am Daumenballen konnte sie nicht alle notwendigen Handgriffe vollziehen. So war sie froh, wenn wir Mädchen den strammen Gummisauger über den Flaschenrand zogen. Die heutige Technik hätte ihr da die Arbeit erleichtert. Gerne sang unsere Mutter mit uns Kindern in der Küche. In Erinnerung geblieben ist mir das Lied „An meiner Ziege, da hab' ich Freude, sie ist ein wunderschönes Tier". Mama hatte eine klare, schöne Sopranstimme und wir Großen konnten bald schon einige Kinderlieder auswendig mitsingen. An manchen Abenden, bevorzugt am Wochenende, haben Vater, Mutter und wir Kinder „Kanonsingen" veranstaltet. „Abendstille überall" und „Guten Abend, gut' Nacht", vierstimmig im Wechsel, so erklang es aus Eltern- und aus Kinderbetten. Im Frühjahr sangen Annegret und ich abends bei der Stallarbeit der Eltern ein Lied, das wir in der Schule neu gelernt hatten: „Sonne, Sonne scheine, fahre über'n Rheine, fahre übers Glockenhaus, komm bald wieder in unser Haus!" Daran hatte unsere Mutter viel Freude, und wir mussten es ihr immer wieder vorsingen. Als Marlies mit einigen Jahren auch schon schön mitsang und behauptete, man würde „in verschiedenen Etagen" singen, war unser Vater recht angetan von so viel Musikverstand.

Wenn wir Schulmädchen mittags aus der Schule erwartet wurden, stand die kleine Marlies schon am leicht geöffneten Küchenfenster mit Blick auf den Hof und rief: „Da kommen die Kinder". Weil die Mutter von uns beiden Großen als den „Kindern" sprach, hießen wir bei unserem Schwesterchen auch „Kinder" und

wurden nicht gesondert mit unseren Vornamen an-
geredet. „Hucke" war auch eine Wortschöpfung von
Marlies. Einmal, als Mama an Weihnachten aus dem
Geschenkpapier eine neue Schürze auspackte, tanzte
Marlies herum und sang: „Mama hatte Hucke funden,
Mama isse schick."

V.l.n.r.: Dorothee, Marlies und Annegret vor dem Haus.

Wir Großen hatten natürlich auch oft die Aufgabe, auf das kleine Schwesterchen aufzupassen oder es
mitspielen zu lassen, was uns selbstverständlich wurde. Im Kleinkindalter saß Marlies oft in dem braunen
Stühlchen mit dem vorgebauten Spieltischchen. Auf-
einandergestellt wurde daraus ein Kinder-Hochstuhl.
Standen diese beiden Teile aber in der Küche auf dem
Boden, konnten wir gut miteinander spielen, etwa mit
den bunten Bauklötzen, die sich, passend zusammengelegt, zu einem Märchenbild verwandeln ließen. Oft-

mals wurde der Holzdeckel von dem Kindersitz abgenommen und so saß Marlies auf dem „Thrönchen", bis Pipi im Töpfchen war. In der Wartezeit konnten wir Marlies auch schon aus unserem Lesebuch vorlesen oder aus dem Kinderbuch „Willi und Wulli", welches Papa uns eines Tages aus der Stadt mitgebracht hatte und das Geschichten von einer Gänsefamilie enthielt. Später lasen wir unserem Schwesterchen auch das Buch von der „Struwwelliese" vor. Dieses Mädchen machte nur Unsinn und sah so liederlich aus, so wollte keine von uns dreien sein! Einfach zu lesen war das nette Büchlein „Die fleißigen Tiere - Eine lustige Geschichte vom Bauernhof". Zu schön war es, wie alle Tiere, die Kuh, die Ziege, das Schäfchen, die Hunde und so weiter auf dem Bauernhof mithalfen und die Arbeit verrichteten. „Sonntag ist heute, wisst ihr's denn alle? Da sollen die Bauersleute, die braven, ruhig ein Stündchen länger schlafen!" so hieß es da. Und später: „Und die Gans wäscht die Windeln für's Bauernkind." Ja, wenn Mama solch eine Hilfe gehabt hätte! Das tägliche Windelwaschen und Bügeln war wirklich aufwändig. Aber ich erinnere mich auch noch daran, dass wir einmal, als wir mit Marlies im Kinderwagen zusammen einen Spaziergang machten, eine Windel über das Verdeck des Wagens spannen mussten, gegen die „blinden Fliegen", die stechen konnten.

Für Marlies stand das weiße Kinderbettchen oben im Elternschlafzimmer an der Wand, Annegret und ich hatten den Schlafraum nebenan. Oft mussten wir dann unser Schwesterchen abends noch mal auf das Töpfchen setzen und in der kalten Jahreszeit ringsherum mit Kissen schützen. Wenn das dann zu lange dauerte und auch wir froren, waren wir es doch schon mal leid. Natürlich wurde Marlies in späteren Jahren auch zur Feldarbeit mitgenommen. Hier konnte sie spielen und laufen, aber auch schon ein bisschen mithelfen, zuerst nur wenig, dann aber immer mehr.

Wir waren um die zehn Jahre alt, wir „Großen", als wir von einem Mitglied der Gemeinde gebeten wurden, einem blinden Mann vorzulesen. Unsere Eltern willigten unter der Bedingung ein, dass wir Marlies mitnehmen könnten. So zogen wir zu dritt einmal in der Woche nachmittags in die Straße „Im Vogelsholz" und setzten uns um den Küchentisch. Der blinde Mann saß auf dem Sofa, seine Frau mit einer Tasse Filter-Kaffee daneben. Marlies war ganz brav, so konnte unsere Mutter auf dem Hof arbeiten, ohne die kleine Tochter beaufsichtigen zu müssen. Und wir Schulmädchen lasen aus dem Buch „Mozartgeschichten" vor. Später, als wir dann die Jungscharstunde der Freien Gemeinde besuchen durften, nahmen wir Marlies auch dorthin mit, obwohl sie vom Alter her gar nicht in die Gruppe passte.

Mama hat die kleine Tochter gerne auf den Schoß genommen und Fingerspiele mit ihr gemacht: „Das ist der Daumen, der schüttelt die Pflaumen". So wie bei uns früher, hat sie viele Lieder vorgesungen und auch aus Bilderbüchern vorgelesen. Sehr beliebt waren Tierbücher. Bei den ärztlichen Kontrolluntersuchungen kam unser Hausarzt Onkel Ernst ins Haus. Auf dem großen Küchentisch fand die Untersuchung statt und wir Schwestern standen dann interessiert daneben. In den 70er Jahren, als Annegret und ich ausgezogen waren, waren unsere Eltern froh, dass sie wenigstens noch ihre jüngste Tochter zu Hause hatten.

Verwandtschaft

„Onkel und Tante, ja, das sind Verwandte, die man am liebsten nur von hinten sieht!" Dieses Lied kannten wir nicht. Wohl aber sangen wir sonntagnachmittags, wenn wir zum Geburtstagskaffee zusammensaßen, mit den Verwandten das Lied: „Lobe den Herren, den mächtigen König der Ehren". Erwachsene wie Kinder kannten mehrere Strophen auswendig. Meistens wurde auch noch ein zweites Kirchenlied angestimmt: „Du meine Seele singe" oder „So nimm denn meine Hände und führe mich bis an mein selig Ende und ewiglich". Erst nach dem Singen wurde das Tischgebet gesprochen, bevor Kuchen gegessen wurde. Oft saßen die Erwachsenen im Wohnzimmer auf dem Sofa und den Stühlen, wir Kinder in der Küche „für uns", was wir sehr schätzten. Hier konnten wir ungezwungener zusammensitzen, auch mal albern sein oder „Stoppessen" veranstalten.

Der gute Zusammenhalt in unserer Verwandtschaft war uns von klein auf vertraut und schien uns ganz natürlich und selbstverständlich. Erwachsene und Kinder verstanden sich und hielten zusammen. Alle hatten die gleichen Wurzeln im christlichen Gedankengut und in der Landwirtschaft. Die Sorgen um Haus und Hof, die Liebe zu Menschen und Tieren, die Arbeiten im Stall und auf dem Feld, die Abhängigkeit von Sonne und Regen verbanden und schafften im Kreis der Verwandten ein vertrautes Miteinander, ein gegenseitiges Verständnis, das keiner Worte bedurfte. Wir waren im wahrsten Sinne des Wortes miteinander „verwandt."

Taufbild von Annegret mit Verwandtschaft von Spieckern und Obersondern (in der Mitte bin ich auf Vaters Arm).

Ein Teil unserer Verwandtschaft lebte auf dem großen Bauernhof auf Marscheid. Seit 1959 ist er über die Blombachtalbrücke von Ronsdorf aus schnell zu erreichen. Früher musste man einen langen Weg durch das Tal auf sich nehmen. Hier hatte Alwine, die älteste Schwester meines Vaters, eingeheiratet. Später wurde sie meine Patentante. Der Bauer auf Marscheid war Otto Berg. Nach der Geburt des ältesten Kindes, Walter, hatte er die erste Frau innerhalb weniger Wochen verloren, sie starb an „offener Tuberkulose". Da war es für Otto ein Glück, in Alwine eine Mutter für das kleine Kind, eine Ehefrau für sich und eine tüchtige Bäuerin für den Hof gefunden zu haben. Als Alwine sich Ende Mai 1943 mit leichten Wehen im Barmer Krankenhaus vorstellte, hat man sie zum Glück wieder nach Hause geschickt. Durch einen Luftangriff wurden in der Nacht zum 30. Mai das Krankenhaus und weite Teile von Barmen und Ronsdorf in Schutt und Asche gelegt. Fast hätte Otto wieder eine junge Frau verloren und mit ihr auch gleich eine Tochter. So aber kam Marlene zwei Tage später gesund und sicher in Remscheid zur Welt, wenige Jahre später auch noch ihre Schwester Lieselotte.

Traf sich in den fünfziger Jahren die Verwandtschaft sonntags auf Marscheid, dann gingen die Männer nach dem Kaffeetrinken über die Felder. Im Obsthof hatten die Apfel- und Pflaumenbäume „gut angesetzt". Voller Stolz zeigte Otto Berg seinen fachkundigen Verwandten, wie gut „der Roggen stand" und wie weit die Kartoffeln sich schon entwickelt hatten. Die Männer tauschten sich aus über Saatgut, Düngemittel, Anbaumethoden und weitere landwirtschaftliche Themen. Beide Mädchen von Marscheid kamen als Kinder in den Ferien immer wieder gerne nach Holthausen, hatten sie doch hier etwas mehr Freiheiten und nicht so viele Verpflichtungen wie auf dem heimischen Bauernhof. Viele schöne Erinnerungen habe ich an diese beiden Cousinen, die so gerne mit uns Kleinen, also mit meiner Schwester Annegret und mir, spielten und sangen. „Hoppe, hoppe, Reiter", ein immer noch beliebtes Spiellied, erbaten wir immer und immer wieder von den Beiden. Ihr Lied „Wir wollten mal nach Holland fahr'n" hatte unsere Mutter auch Jahre später noch am besten im Ohr. Auch unser Vater hatte die beiden Nichten sehr gerne. „Geh doch mal runter zu Hohnroths und hol die Fußleistentrittleiter!" Mit diesem Auftrag schickte er in einem Jahr Marlene am 1. April aus dem Haus. Ich weiß nicht mehr, was sie anschleppte, aber das Gelächter war bei allen groß und auch Marlene erzählt diese lustige Begebenheit immer wieder gerne.

Machten wir in den fünfziger Jahren einen Besuch auf Marscheid, so war es üblich, von der Stalltüre her einzutreten. Es ging also zuerst mal in den Stall zu den Tieren, wenn diese nicht gerade auf der Weide waren. Auf jeden Fall war der Schäferhund zu Hause. Er lag angekettet hinten im Stall vor der Türe zum Wohnbereich und bellte uns an. Da wir zu Hause keinen Hund hatten, war uns Mädchen das immer etwas unheimlich, und wir ängstigten uns. Dort, in der Stallecke, gab es auch die immer noch funktionierende Pumpe, die wir von weitem bestaunten. Hinter den Kühen befand sich das Klo. Mussten wir den Gang dahin nehmen, war es uns auch immer etwas unheimlich, an den fremden, großen Tieren vorbeizugehen. Vom Kuhstall aus führte eine lange Treppe nach oben zum Altenteil. Wie sinnvoll die großen Gebäude, Stallungen und Scheunen gebaut waren, merkte man erst Jahrzehnte später, als der früher so lustige Onkel Otto schwer krank wurde. Durch Parkinson zunehmend im Gehen eingeschränkt, konnte er aber zunächst noch den Weg von oben her durch die Scheune nach drinnen bzw. nach draußen nehmen, ohne Treppe. Die Hofgebäude waren am Hang gebaut, und so war es möglich, ohne Treppensteigen in die zweite Etage des Wohnhauses zu gelangen.

Sein Sohn Walter wurde ebenfalls ein tüchtiger Bauer. Sein ganzes Herz hängt an der Landwirtschaft und an der Heimat. Inzwischen hat Walters Sohn Carsten in der nächsten Generation den Hof übernommen und einen modernen Stall für ca. 50 Kühe mit Melkstand und computergesteuerter Fütterung gebaut. Der Hof gehört mittlerweile zu den größten in der ehemaligen Ortsbauernschaft Ronsdorf.

Nicht nur über Vaters Schwester Alwine hatten wir verwandtschaftliche Beziehungen nach Marscheid, auch über unsere Mutter. Otto Berg senior, der Vater unseres Onkels, war einer der vier Brüder ihrer Mutter. Er hatte eine große Leidenschaft für die Landwirtschaft und heiratete auf Marscheid ein. Unsere Mutter stammte von Spieckern bei Walbrecken. Das gehört heute zu Wuppertal-Beyenburg, aber zur Kirchengemeinde Lüttringhausen. Mit der Familie August Frische von Spieckern waren wir „doppelt verwandt", hatte es doch am 14. Juli 1950 eine Doppel-Hochzeit gegeben: Fritz Kotthaus von Holthausen hatte Anna Frische von Spieckern geheiratet und Annas Bruder August nahm

Fritz' Schwester Helene zur Frau. So erstaunte es auch niemanden, dass ich neun Monate später als erstes Kind für Fritz und Anna geboren wurde und nur wenige Tage später mein Vetter Klaus als erstes Kind von August und Helene. Mit Klaus und seiner später geborenen Schwester Irmgard hatten meine um ein Jahr jüngere Schwester Annegret und ich in der Kindheit den engsten Kontakt, passten wir doch vom Alter her gut zusammen.

Meine Mutter hatte die ersten 30 Jahre ihres Lebens auf dem Hof ihrer Eltern auf Spieckern verbracht. Das war, wie sie sagte, trotz der Kriegsjahre eine glückliche Zeit. Ein liebevolles Verhältnis zu den Eltern, gegenseitiges Helfen, regelmäßiges, pflichterfülltes Arbeiten auf dem Hof, vor allen Dingen das geborgene Gefühl an der Seite ihres um zwei Jahre älteren, geliebten Bruders August prägten ihr Aufwachsen. Die um elf Jahre ältere Schwester Emmi spielte eher die strenge „Ersatzmutter". Anna ging gerne zur nahegelegenen, einklassigen Volksschule Walbrecken und fühlte sich in der Schar der Kinder wohl, wie auch später im Lautenchor im Kreis von vielen jungen Frauen. Erst im Alter hat sie davon erzählt, welche Ängste sie im Krieg um ihren Bruder August ausgestanden hat, der im Kaukasus Soldat war. Am Tag, als er angeschossen wurde, hat sie gespürt, wie es um ihn stand. Sie selber hat sich, als die Amerikaner kamen, auf den benachbarten Bauernhof gerettet und, um einer möglichen Vergewaltigung zu entgehen, im Bett zwischen den alten Bauersleuten versteckt.

Gerade für unsere Mutter waren in den fünfziger Jahren die Besuche auf Spieckern sehr wichtig, hatte sie doch mit der Hochzeit ihr vertrautes Elternhaus mit den betagten und kranken Eltern und dem Bruder August verlassen, die vertraute Umgebung, die Nähe zu ihrer Schwester Emmi, den Kreis von Schulfreundinnen, den Lautenchor.

Meine Mutter (2. v. l.) mit ihrer Mutter, Schwägerin und Schwester sowie den Kindern auf Spieckern.

Ich erinnere mich, dass Onkel August mit dem Moped zu uns auf den Hof nach Holthausen kam. Das war für unsere Mutter eine große Überraschung und ein freudiges Ereignis. In späteren Jahren fuhr er mit Familie in einem DKW vor. Ein Auto war damals ein seltener Anblick auf unserem Hof. Die Blinker des Wagens waren noch keine Lichtsignale, sondern mechanische Winker, die seitlich ausgefahren wurden. Aber unsere Familie hatte kein Auto, um mal schnell nach Spieckern zu fahren und die Mutter hatte eigentlich auch keine Zeit für Besuche im Elternhaus, da sie Hof und Kinder zu versorgen hatte. Und so freute sich unsere Mutter, dass wenigstens an den Sonntagen nach einem Geburtstag eines Familienmitgliedes feste Besuche eingeplant waren. Das Elternhaus auf Spieckern war schieferbedeckt; Stallungen und Scheunen waren eher klein. Die Hühner liefen frei herum. Der Flur hatte quadratische, gemusterte Fliesen. Für uns Kinder war es ein Spaß, wenn wir mit den Schuhen durch den Eingangsbereich „fitschen" durften.

57

Es war ein Jahr vor unserem Schuleintritt im Mai 1957, als die Großeltern ihre Goldene Hochzeit feierten. Meine Schwester Annegret und ich trugen entzückende, hellblaue Rüschenkleider mit dunkelblauen Punkten. Die große Cousine Ilse von Obersondern hatte mit uns und den anderen Kleinen ein langes Gedicht eingeübt. Jeder hatte zu Ehren von Oma und Opa einen Teil aufzusagen. Ich kam als Letzte dran. „Nicht heute nur allein", so begann mein Teil. Bei allen Gästen waren Freude und Gelächter groß, als ich statt „Nein, auch an allen Euren Lebenstagen" von mir gab: „Nein, auch an alles sollst du denken!" Jahrzehntelang begleitete mich der Ausspruch „Nicht heute nur allein!" Er wurde in unserer Familie zu einem „geflügelten Wort" und wurde gleichbedeutend verwendet mit „Vergiss das nicht!" und „Das ist wichtig, denk dran!" Im Nachlass unserer Mutter habe ich dann später das vollständige Gedicht, handgeschrieben von ihr, wiedergefunden. „Gott segne Euch, das kann ich richtig sagen. Gott segne Euch, nicht heute nur allein, nein auch an allen Euren Lebenstagen", so lauteten die letzten drei Zeilen des Gedichtes zur Goldhochzeit tatsächlich.

„Nikolaus" auf Spieckern haben wir wohl noch alle in Erinnerung. Wir saßen oben im Haus im Wohnzimmer mit dem roten Plüschsofa, als der rot gekleidete, große Nikolaus mit strengen Worten in die Stube trat. Schnell flüchteten Annegret und ich bei Mutter und Oma auf den Schoß. Oma und Opa mussten, da sie schwer Asthma hatten, immer auf ein Tellerchen ausspucken und natürlich war der Schoß unserer Mutter immer der begehrte. Auch Klaus und Irmgard suchten schnell Schutz, und keiner von uns Kindern hat gemerkt, dass es Tante Helene war, die überzeugend den Nikolaus spielte. Obwohl wir vier wohl die bravsten Kinder weit und breit waren, überwog an dem Tag die Angst. Später spielten wir jedoch mit Klaus und Irmgard auf Holthausen oder auf Spieckern immer mit Leidenschaft „Nikolaus". Da war meine um sieben Jahre jüngere Schwester Marlies dann auch schon dabei. Bei diesem Spiel musste der Nikolaus draußen im Flur warten, denn erst musste die Küche verdunkelt werden und jedes Kind suchte sich ein Versteck unter dem Küchensofa oder unter der Bank. Nun kam der Nikolaus herein und musste mit tiefer Stimme die Kinder suchen. Die Rute hat, glaube ich, keiner bekommen.

Wunderschöne Erinnerungen habe ich an ein Weihnachtsfest, das wir zusammen auf Spieckern gefeiert haben. Links vom Flur ging es in die gute Stube. Dort stand der schön geschmückte und mit echten Kerzen erleuchtete Christbaum, verziert mit silberfarbenen Kugeln, glitzernden Glöckchen und Lametta. Das Licht der weißen Wachskerzen ließ ihn wunderschön erstrahlen. Die Erwachsenen saßen auf Stühlen um den Baum herum, und wir Kinder saßen mit leuchtenden Augen bei ihnen auf dem Schoß. Was wir von zu Hause nicht kannten: Der Christbaum drehte sich auf einer Spieluhr, dazu erklangen verschiedene Weihnachtslieder. Verzaubert lauschten wir den bekannten Melodien. Die Erwachsenen sangen mit verklärten Gesichtern die altbekannten Strophen mit, und wir Kinder taten es ihnen nach, so gut wir konnten.

In den fünfziger Jahren war auf Spieckern noch „heile Welt". In den sechziger Jahren machte sich bei Frisches dann eine „Aufbruchsstimmung" bemerkbar. Der Aussiedlerhof wurde geplant und gebaut. Einen „Bauernhof-Neubau" hatten wir bisher noch nicht erlebt. Wir freuten uns mit der jungen Familie über den Fortschritt, aber unsere Mutter hat es bis zu ihrem Tod nicht verwunden, dass ihr Elternhaus verkauft und später abgerissen wurde. Viel schlimmer war jedoch, dass August Frische Mitte der sechziger Jahre innerhalb von wenigen Wochen an Krebs verstarb. Die Kinder Irmgard und Klaus waren erst zwölf und 14 Jahre alt, die Ehefrau Helene stand mit der Arbeit auf dem Hof und mit großen Schulden alleine da. In das neue Haus zog tiefe Trauer ein. Aber die drei haben es mit viel Kraft und Ideen, Disziplin und Fleiß, Hoffen und Beten geschafft, die Landwirtschaft fortzuführen. Mein Vetter Klaus war jetzt ein sehr junger Bauer.

Bogen wir von der Schwelmer Straße nicht rechts ab nach Spieckern, so ging es wenig später nach links, nach Obersondern, um dort die Verwandten Schrupp zu besuchen. Sie besaßen eine stattliche Hofanlage. Hier lebten Tante Emmi, die älteste Schwester meiner Mutter, und Onkel Walter mit ihren Kindern, zunächst auch noch mit den Großeltern Schrupp. Was ich als Kind nicht wusste: Drei Kinder aus der Familie waren verstorben. Das erste Mädchen im Säuglingsalter an Unterernährung und Lungenentzündung, die beiden Söhne Rolf und Heinz-Walter starben beide im neunten Lebensjahr, der eine an einer schweren Krankheit, die in jedem Winter schlimmer wurde, der andere durch einen tragischen Unfall auf dem Feld. Der Tod der Kinder bedeutete ein unmenschlich schweres Schicksal für die ganze Familie. Außerdem gab es jetzt keinen männlichen Hoferben mehr.

Ilse war die älteste Cousine auf Obersondern. Sie war 18 Jahre jünger als unsere Mutter, und sie war ihr Patenkind. Als Kleinkind hat sie die Schrecken des Kriegs erlebt, zweimal stand der Bauernhof in Flammen. Ruth war ein Jahr älter als ich und Heidi war gleichaltrig mit Cousine Irmgard. Schrupps gehörten der freikirchlichen Gemeinschaft an, und auch hier gehörten Gebete und fromme Lieder bei Tisch zum alltäglichen Ritual. In der Männerrunde ging es um Glaubensfragen und Erkenntnisse aus der „Versammlung", der freikirchlichen

Gemeinschaft, oder auch um politische Themen. Bei diesen Gesprächen war Onkel Walter führend. Für uns Kinder war die Schallplatte mit der Geschichte vom „Kaspar von Hohenhausen" die Attraktion auf Obersondern. Es war die einzige Kinder-Schallplatte in der Verwandtschaft. Immer und immer wieder hörten wir uns zusammen mit Ruth und Heidi die Geschichte an. „Eine Kuh steht auf den Gleisen", mit tiefer Stimme gesprochen, habe ich immer noch im Ohr. Wir waren begeistert. Und auch an das „Mehlschneiden" mit Ruth und Heidi kann ich mich noch gut erinnern. Die Küche auf Obersondern war bei weitem nicht so schön und wohnlich wie in unserem Elternhaus, Wände und Boden waren aus Stein, es gab ein grobes Waschbecken, den üblichen Herd und eine eher kleine Tischgruppe. Dafür gab es über den Flur, mit zwei Stufen zu betreten, zwei große Wohnstuben: das Esszimmer mit Platz für weit mehr als zwölf Personen und das Wohnzimmer mit schönem Wohnzimmerschrank und Klavier. Die Aufgabe der Frauen war es, den Tisch mit dem blau-weißen Service mit Goldrand schön zu decken, für Kuchen und Kaffee zu sorgen, die Kinder ruhig zu halten und bei den Männergesprächen zuzuhören. Als junge Ehefrau hatte Tante Emmi einen schweren Fahrradunfall auf der Schwelmer Straße gehabt, von der sie einen Knick im Bein zurückbehalten hatte. Der Tod von drei Kindern vergrößerte ihren Schmerz. Als sie einmal an einem Wintertag auf Holthausen zu Besuch war, war es just an dem Tag, als Annegret und ich eine Untat begingen und unsere Mutter uns auf Geheiß ihrer strengen Schwester Emmi bestrafte. In unserer Erinnerung waren es das einzige Vergehen und die einzige Strafe in unserer Kindheit. Da wir keinen Schlitten dabei hatten, waren wir, so wie wir es bei den Nachbarkindern gesehen hatten, auf dem Po den Hang heruntergerutscht und kamen mit nasser und vereister Trainingshose zu Hause an. „Die wirst du doch jetzt wohl zur Strafe ins

Bett schicken!", war Emmis klare Meinung als große Schwester der Mutter. Und so mussten wir am helllichten Tag nach oben ins Bett. Wir schauten auf unser großes Heiland-Bild mit den Schafen und fühlten uns ganz klein.

Schleswig-Holstein bedeutete für uns in den fünfziger Jahren die große weite Welt und hatte etwas Geheimnisvolles. Vor Ostern, Anfang Mai und auch vor Weihnachten setzte sich unser Vater an seinen Platz in der Küche und schrieb in deutscher Schrift, die er in der Schule gelernt hatte, lange Briefe an seinen Bruder Julius in Schleswig-Holstein. Wir, die wir gerade die lateinische Schrift erlernt hatten, konnten seine Texte zunächst nicht lesen. Aber wir merkten, dass es ihm eine Herzensangelegenheit war, schöne und ausführliche Briefe zu verfassen. Damit die Sendung nach Schleswig-Holstein noch schöner wurde, bat er uns Mädchen regelmäßig, passende bunte Bilder zu malen, so etwa Ostereier und Hasen zur Osterzeit oder Zweige mit grünen Tannennadeln zu Weihnachten. Später schrieben wir eigene kleine Sätze zu den Bildern und auch die Mutter verfasste noch einige Grüße an die ganze Familie. Julius war der Abenteurer und Ausreißer in der Familie Kotthaus. Als Pferdefreund hatte es ihn in den Norden Deutschlands gezogen, dort hatte er sich schon in jungen Jahren eine eigene kleine Landwirtschaft aufgebaut, zunächst in Borstel, später in Schönwalde am Bungsberg. Im Krieg hatte er Gerda geheiratet, die aus Cuxhaven gebürtig war. In ihrer Kindheit hatte sie viel Kummer erlebt, da auch ihr Vater ein Abenteurer war, der die Familie oft allein gelassen und sich nach Amerika abgesetzt hatte. Am Hafen, nach jedem Heimaturlaub, war der Abschiedsschmerz für Frau und Kinder kaum zu ertragen. Gerda war gelernte Schneiderin und erlernte nach ihrer Hochzeit die Arbeit als Bäuerin. Wie viele andere Frauen musste sie im Krieg ihre beiden erstgeborenen, noch kleinen Kinder und den Hof mit den Tieren ohne ihren Ehemann versorgen. Aber sie hat das alles geschafft. Und so schrieben wir den Verwandten Onkel Julius, Tante Gerda und Jens, Maren und Ute mehrere Briefe im Jahr. Onkel Julius kam hin und wieder zu Besuch, und da er meist unangekündigt kam, bescherte das unserer Mutter manche Aufregung, da sie noch schnell saubermachen und ein Bett beziehen musste. Auch der gewohnte Alltag war beeinträchtigt. Für unseren Vater bedeutete es ungeteilte Freude, wenn sein einziger noch lebender Bruder für einige Tage kam. Auch wir Kinder waren entzückt von seinem Temperament, konnte Onkel Julius doch unter den Hemdsärmeln glaubhaft eine Maus verstecken und in Bewegung setzen. Erst später fanden wir heraus, dass es seine Oberarmmuskeln waren, die er spielen ließ. Als eines Tages die große Cousine Ute auf dem Hof stand, erkannten wir, die wir gerade aus der Schule kamen, sie nicht. Denn bislang hatten wir nur Fotos von ihr gesehen, und davon auch nicht allzu viele. Auch den ersten Hof in Borstel kannten wir nur von Fotos her. Die Gebäude kamen uns barackenmäßig vor, kein Wunder, denn Julius hatte nicht viel Geld gehabt, um Land und Gebäude zu kaufen. Er war der Vierte in der Reihe der Geschwister und war, wie es damals üblich war, nur mit einem geringen Geldbetrag ausgezahlt worden. In den sechziger Jahren machten meine Schwester Annegret und ich dann den ersten Besuch in Schönwalde. Dort konnten wir einen großen, attraktiven Aussiedlerhof mit modernen Stall- und Scheunengebäuden bewundern. Zwischen Vater und Sohn gab es manchmal Auseinandersetzungen und Meinungsverschiedenheiten, zum Beispiel darüber, welcher Traktor angeschafft werden sollte. Von der Tochter Maren angeregt, hingen große lehrreiche Poster über Pflanzen und Vögel an den Türen. Sie befand sich in der Ausbildung zur Grundschullehrerin. Es war dort in der Familie nicht üblich, bei Tisch zu beten, jedoch wurden wir „aus dem Rheinland" ermuntert, für alle laut das Dankgebet zu sprechen. Bis zum Lebensende hat Onkel Julius sich seine Begeisterung für Pferde und sein Draufgängertum erhalten. Als er alt und steif wurde und nicht mehr, so wie früher, ein Pferd besteigen konnte, baute er sich ein Holzgerüst, um daran hochzuklettern und sich auf den Pferderücken zu setzen. Folgerichtig wurde sein Sarg, nachdem er hochbetagt gestorben war, auf einer Kutsche von zwei Pferden zum Friedhof gezogen.

Tante Gerda, die 2014 im gesegneten Alter von 98 ½ Jahren zu Hause verstarb, war trotz ihrer zierlichen Statur bis weit über 90 eine immer emsige und sehr hart arbeitende Frau. Nicht nur Haus und Hof hielt sie in Ordnung, sie pflegte auch mit großem Einsatz und Sachverstand einen großen Garten mitsamt Treibhaus. Als wir als junge Mädchen später einmal die Rückreise von Schönwalde antraten, versorgte sie uns für die Bahnfahrt mit geschmierten Broten und selbstgezogenen Tomaten. Im Zugabteil biss ich herzhaft in die erste Tomate meines Lebens und verspritzte den Fruchtsaft bis in die Ritze zwischen den Kunststoffsitzen. Es war eben kein Apfel.

Außer diesen direkten Verwandten gab es noch fernere, zu denen die Eltern auch Kontakt hielten, und die ich als Kind kennenlernte. Da gab es Adolf Hohnroth und August Kotthaus, Vettern des Vaters, die in den fünfziger Jahren beide in der Nähe mit ihren Familien Landwirtschaft betrieben. Die Bauernfamilie Adolf Hohnroth hatten wir gleich in Sichtweite, ein Glücksfall für unsere Familie, aber auch für unseren Lehrling Helmut Lenz, der aus dem Hessenland kam, denn er heiratete als junger Mann Bärbel Hohnroth von nebenan. Im Jahr 1957 verkaufte Adolf Hohnroth sein Anwesen an die Rosengärtnerei Willi Landgrebe und fing in Ennepetal-Milspe wieder neu mit Landwirtschaft an. Der Kontakt blieb bestehen, denn der älteste Sohn Frieder hatte den Umzug nicht mitgemacht. Er heiratete das Nachbarmädchen Erika und blieb in Ronsdorf. Ich erinnere mich, dass Annegret und ich als kleine Kinder an mehreren Nachmittagen im April zu Tante Aenne Hohnroth gingen. Sie übte mit uns ein Muttertags-Gedicht ein und schickte uns dann mit einem passenden, kleinen Blumenstrauß und dem Gedicht zu unserer Mutter. Darüber hat sie sich sehr gefreut!

Unsere Mutter konnte wegen der Entfernung kaum frühere Kontakte halten. Jedoch hatte sie das Glück, dass ihre Freundin Anna aus Kinderzeiten, eine Nachbarin ihrer Großeltern von Erbschloe, jahrzehntelang auf Holthausen wohnte, als Ehefrau des Rosengärtners Willi Landgrebe, der mit unserem Vater befreundet war. Zu ihr hielt sie bis zu deren Lebensende immer eine gute Verbindung. Auch eine Cousine unserer Mutter lebte in Ronsdorf. Sie hieß Mariechen und war die Frau des Malermeisters Rudi Reinecke. Da Onkel Rudi gemeinsam mit dem Vater im Männerchor sang und seine Gesellen zum Tapezieren und Anstreichen zu uns ins Haus schickte, war das eine intensive Beziehung.

Väterlicherseits gab es noch Verwandtschaft auf Sumatra. Das war die Familie Quentmeier. Der Missionar Ernst Quentmeier hatte Vaters Tante Aline Kotthaus geheiratet. Dieser wurde Vaters Patenonkel. So kam im Jahr 1913 für Fritz eine Karte aus Sumatra mit einem Foto der Missionarsfamilie an. Auf dieser Geburtstagskarte schrieb die Tante: „Jetzt wirst du schon acht Jahre, da kannst du aber schon deinen Eltern arbeiten helfen. Musst du immer Julius im Sportwagen fahren, oder kann das Alwine schon? Wilhelm muss auch seinen kleinen Bruder fahren, aber er tut es nicht immer gern." Im Alter von zehn Jahren wurden die Quentmeier-Kinder von der fernen Insel Sumatra nach Ronsdorf zu den Verwandten auf Holthausen geschickt. Hier, in der Familie Kotthaus, wurden sie mit den Vettern und Cousinen groß. Zeitweise waren also zehn Kinder im Haus zu versorgen. Da hat jeder gelernt, seinen Teller leer zu essen! Unser Vater erzählte immer begeistert, dass die Jungen von Holthausen jetzt zwei richtige Fußball-Mannschaften stellen konnten. Gespielt wurde auf dem „Rieselfeld" unterhalb des Klinikgeländes der Lungenheilanstalt. „Rieselfeld" hieß dieses Stück Wiese, weil hier später die Jauche hingefahren wurde. Es gab weder einen Fußballplatz, noch Fußballschuhe oder gar einen Ball aus Leder, aber das schmälerte die Freude und Begeisterung, mit der die Jungen spielten, nicht im Geringsten. Ihr Fußball war eine Schweinsblase, die sie bei der letzten Schlachtung ergattert hatten.

Über ihren Mann, der im Krieg gefallen war, waren wir mit Tante Edith verwandt, die ebenfalls auf Holthausen wohnte. Ihre Schwiegermutter Lydia war eine Schwester des Vaters unseres Vaters, wie Vaters Brüder Julius und Wilhelm und ich an einem 5.5. geboren. Unsere Schulfreundin Hannelore Wenzel wiederum war ihre Nichte, die Tochter ihres Bruders. Somit hatten Hannelore und wir eine gemeinsame Tante, waren aber selber nicht miteinander verwandt. Tante Edith hatte als Kind eine schwere Mittelohrentzündung erlitten und dadurch das Gehör verloren. Sie verständigte sich in der Gebärdensprache. Da diese Generationen alle zusammen in einem Haus wohnten, beherrschte unsere Freundin Hannelore also außer „Platt" sogar auch die Gebärdensprache für Gehörlose, wofür wir sie sehr bewunderten. Aber wir bemitleideten Hannelore auch, weil sie als Vierjährige ihre Mutter verloren hatte. Diese war kurz nach der Entbindung von Zwillingen an Blinddarmentzündung gestorben.

Ganz schwach erinnere ich mich noch an zwei uralte Tanten unseres Vaters: Tante Auguste und Tante Adele. Sie trugen runde Nickelbrillen und hatten für uns Mädchen schöne weiße Baumwoll-Kniestrümpfe mit Lochmuster gestrickt. Sie wohnten auch in Ronsdorf, auf dem Heidt. Wir Mädchen waren so brav, dass unser Vater uns mitnehmen konnte, um diese betagten Tanten zu besuchen. In der Weihnachtszeit saßen wir bei unserem Vater auf dem Schoß, bestaunten die kleine, hölzerne Weihnachtspyramide der Tanten und bekamen Plätzchen. Dann gab es noch eine Tante unseres Vaters, die wir nicht mehr kennengelernt haben, weil sie vor unserer Geburt gestorben war: Tante Ida. Man sprach von ihr mit großer Bewunderung. Auf den Fotos sah man eine groß gewachsene, hübsche Frau, adrett angezogen mit Rüschenbluse und langem Rock aus gutem Stoff. Sie war Modeschneiderin gewesen und hinterließ Modezeitschriften mit Näh- und Stickanleitungen, die wir hin und wieder studierten.

Welche Strecken unsere Vorfahren im Bergischen Land zu Fuß auf sich genommen haben, um einander zu sehen! Auch unsere Eltern Fritz und Anna haben in den Jahren, als sie sich kennen- und lieben gelernt haben, oftmals den Weg zwischen Spieckern und Holthausen in der einen oder anderen Richtung zu Fuß gemacht, der Liebe wegen.

Kleidung

Die Alltagssachen unseres Vaters waren oft abgetragene und geflickte Kleidungsstücke. Bei der Arbeit war er immer mit einer grünen Stoffjacke und einer grünen Schirmkappe gegen Schmutz und Kopfschmerzen zu sehen. Eine Kopfbedeckung war wichtig; die Arbeit war oft schweißtreibend, und dadurch bestand die Gefahr, sich zu „verkühlen". An den Füßen trug er alte, feste Schuhe, Holzschuhe oder Stiefel in Größe 47. Zum Ausziehen der Stiefel brauchte man einen Stiefelknecht – nein, nicht solch einen dienstbeflissenen Knecht wie in alten Zeiten, sondern ein kleines Holzgestell, etwas größer als der größte Schuh, mit nach vorne schräg gestelltem Brett und oben ausgesägtem Halbrund, in welches man den Stiefel, in dem der Fuß oft unglücklich festsaß, einklemmen und den Fuß herausziehen konnte. Vor jedem Gang in die Küche bürstete der Vater sich sorgfältig die Arbeitskleidung ab. War ein Teil für die Wäsche vorgesehen, stülpte Mutter die Jacken- und Hosentaschen nach außen, entleerte sie und strich mit einer weichen Bürste den dünnen Stoff fusselfrei.

Die Frauen trugen damals auch bei der Arbeit keine langen Hosen, sondern immer alte Kleider oder Röcke, im Stall oder auf dem Feld stets ein Kopftuch, um die Haare einigermaßen sauber zu halten. Gartenhandschuhe oder dicke Arbeitshandschuhe trugen die Eltern so gut wie nie. Sie hatten keine Angst vor schmutzigen Händen, keine Angst vor Verletzungen. Bei der Küchenarbeit gab es für Frauen und Mädchen eine unempfindliche, bunte „Schotte" (Schürze), bei der Stall- und Feldarbeit eine geflickte, alte Schürze und sonntags als Schmuck eine neue, feine Schürze, manchmal kunstvoll bestickt. Die dunkle, alte Schürze schützte nicht nur den darunter getragenen Rock oder das Kleid, sie war dazu auch noch überaus praktisch: Man konnte den Schürzensaum vorne mit den Händen raffen und in dem so entstandenen Schürzenbeutel Kartoffeln, Äpfel oder leichte Gläser vom Keller in die Küche transportieren. Oder man konnte mit der dunklen Schürze mal schnell den Küchentisch sauber wischen oder die Hände abtrocknen.

An den Füßen wurden bei der Arbeit mit den Tieren derbe Schuhe oder auch Gummistiefel getragen. Im Garten trug man Gummischuhe oder abgelegte, feste Lederschuhe, die noch am Buchsbaumrand im Gartenbeet gewechselt werden mussten, um keine Erde auf die Kieswege zu tragen, denn dann wäre hier noch mehr Unkraut gewachsen.

Natürlich rochen die Arbeitskleidung und der ganze Mensch nach Stall und Tieren oder auch nach Mist. Auch wir Kinder waren nicht frei davon. Schon von weitem waren wir an unseren von der frischen Luft geröteten Wangen als Bauernkinder zu erkennen. Mittags, nach der Schule, wechselten wir Kinder die Kleidung; Röcke und Pullover wurden vor dem Essen abgelegt und im Wohnzimmer für den nächsten Morgen verwahrt. Auch wir zogen dann für den weiteren Tag alte Kleidung an, mit der wir drinnen und draußen für das Mithelfen und Spielen passend angezogen waren. Und selbstverständlich hatten auch wir Schürzen. Wenn wir dann mittags den Abwasch machten, schützten sie uns ein bisschen vor dem Spülwasser.

An der Kleidung konnte man bei uns in der Bauernfamilie ablesen, ob es Sonntag oder Alltag war. Wie „staats" unser Vater aussah, wenn er sich mit Anzug und weißem Oberhemd für den Männerchor-Auftritt fein gemacht hatte! Mama hatte am Tag vorher noch ein feuchtes Tuch auf die Hose gelegt und die Hosenbeine aufgebügelt. Wir Kleinen nahmen einen alten Wollsocken und brachten damit die großen Lederschuhe zum Glänzen. Den Schlips hat sich Papa natürlich selber umgebunden. Wenn wir Kinder an der Küchengarderobe den schönen „Rosinenmantel" der Mutter mit dem getupften Muster und daneben ein bunt geblümtes Kleid mit grünen Samtborten hängen sahen, war uns Kindern klar, dass es ein Feiertag war. Nach der Stallarbeit und dem gemeinsamen Frühstück würde sich die Mutter umziehen. Anfang der fünfziger Jahre trug sie zum Ausgehen sogar einen Hut, der Vater zur Beerdigung einen Zylinder. Auch wir Kinder sind auf einigen Fotos mit Hütchen zu sehen. Als Kleinkinder trugen meine Schwester und ich sonntags reizende, kleingemusterte Kleidchen, von unserer Näherin geschneidert. Mama band uns gebügelte Schleifen in die geflochtenen Zöpfe. In den ersten Jahren trugen wir sogar kleine Schürzchen aus weißem Batist. Marlies bekam als Fünfjährige einmal von der älteren Cousine Marlene ein Trägerröckchen aus blau-rot-weißem Stoff mit Herzchenmuster genäht. In dieser feinen Garderobe durfte sie nach einem großen Konzert des Männerchores in der Historischen Stadthalle Wuppertal einen Blumenstrauß überreichen.

Ausgaben

Wenn Briefe ins Haus kamen, wurden die Briefumschläge verwahrt. Darauf war noch genug Platz, so konnte man sie als Notizzettel verwenden. So zum Beispiel für die Nachricht der Mutter an ihre Schulkinder: „Bin auf dem Feld. Esst schon mal und macht Hausaufgaben."

Mit Papier gingen wir sparsam um, denn alles war teuer genug. Aber einmal ging es unserer Handarbeitslehrerin zu weit: In dem großen Heft mit Millimeterpapier hatten Annegret und ich schöne, neue Muster zum Weben eingezeichnet, so dicht neben- und untereinander, so platzsparend, dass nichts mehr zu erkennen war. Also mussten wir alles wieder ausradieren und die Kreuzchen großzügig, mit Abstand, neu aufzeichnen. Dabei waren die Hefte doch so teuer gewesen!

Von Gesprächen über Geldausgaben haben wir, als wir klein waren, nie etwas mitbekommen. Vorrang hatten bei uns auf dem Bauernhof natürlich immer Anschaffungen zum Erhalt des Betriebs. 1956 verkaufte mein Vater die ersten Baugrundstücke auf Holthausen. In diesem Jahr, so wurde mir später berichtet, bekam meine Mutter Angst, wir würden zu reich, und wir Kinder könnten entführt werden. Bei einem Verkaufserlös von 50 bis 80 Pfennig pro Quadratmeter werden sich diese Befürchtungen schnell verflüchtigt haben. Aber immerhin konnten wir uns jetzt zu dem damals stolzen Preis von 7.180 DM einen Traktor kaufen. Und es wurden noch weitere Maschinen angeschafft, die die Arbeit erleichterten, zum Beispiel ein besonderes Heugerät, ein Schubrechenwender, mit dem man das Heu harken und auf Reihen ziehen konnte.

In den sechziger Jahren gab es dann einen modernen „Ladewagen" mit „Sauggebläsevorrichtung", um Heu direkt von der Reihe aufzunehmen und oben auf dem Wagen wieder „auszuspucken" und außerdem ein 1000 Liter fassendes Wasserfass für die Rinder. Laufende Kosten waren die Ausgaben für Kraftfutter für die Kühe, für Milchpulver für die Kälber, für Hühnerfutter, Dünger und Diesel-Kraftstoff sowie für Reparaturarbeiten. Hinzu kamen Tierarztkosten, Gebühren, Beiträge zu Versicherungen und Krankenkasse, Kosten für Sämereien, und so weiter.

„Wie, so teuer?", fragte meine Mutter manches Mal entsetzt den Händler, wenn sie am Küchentisch die Samentütchen für die Gartenbestellung ausgesucht hatte. „So teuer?" fragten auch wir Mädchen erstaunt, wenn wir in dem kleinen Geschäft an der Ecke Heckersklef einige Hefte einkauften.

„Möchtest du den Wohnzimmerschrank haben?", wurde Mama vor der Hochzeit von den zukünftigen

Schwiegereltern gefragt. Gerne übernahm sie den dunkelbraunen Schrank mit Eichenfurnier, unten bauchig und viel Platz bietend, oben mit schön gearbeiteten Glastüren. Wie gut, denn bis heute wird dieses geliebte Erbstück in Ehren gehalten. Der Küchen-Ausziehtisch mit Spülschüsseln unter der Tischplatte wurde 1950 bei Möbel Kotthaus in Lüttringhausen neu gekauft. Die meisten Hausfrauen haben dieses „Unikum" im Laufe der Jahre gegen einen modernen Esstisch ausgetauscht, unsere Mutter zum Glück nicht. Und so ist auch er bis heute erhalten.

Auch der große, hohe „Flurschrank" war schon bei unseren Großeltern in Gebrauch. So viele wichtige Küchen-Utensilien hatten hier ihren Platz, unter anderem der schwere Fleischwolf von der Remscheider Firma Alexanderwerk, mit dem man auch Plätzchenteig „durchdrehen" kann, und der schon lange in meiner Familie im Gebrauch ist. Seine Kurbel wurde auch von unseren Zwillingen Georg und Robert mit Begeisterung gedreht. Ob mein Enkel Oscar, der jetzt ein Jahr alt ist, wohl ebenfalls in 50 Jahren die Familienerbstücke seiner Ururgroßeltern übernehmen wird?

Aber welche Hausfrau hätte das akzeptiert, eine Küche ohne Wasserablauf – nur mit Wasserzulauf? Und selbst für den Wasserhahn über dem Herd musste unsere Mutter noch kämpfen. Und natürlich fragt man sich, wie denn wohl das Abwasser entsorgt wurde.

Gemüse musste am Spülstein in dem kalten Flur gewaschen werden. Dort gab es Zu- und Ablauf. Das Spülwasser aus der Küche musste in den Flur getragen werden – oder, wenn es noch heiß genug war, um Unkraut zu vertilgen, wurde die Schüssel auf dem Hof ausgeschüttet, und dort lief das Wasser an der Gartenmauer entlang.

Der eine oder andere Einrichtungsgegenstand wurde von dem jungen Ehepaar Fritz und Anna 1950 neu gekauft, so etwa das Schlafzimmer, aber nach dem Krieg waren dies keine wertvollen Möbel. Unsere Eltern waren aber zufrieden damit und haben nie an neue Schlafzimmermöbel gedacht. Mutter konnte sich in hohem Alter, als zum stufenlosen Erreichen das Klo in der abgetrennten Flurecke eingerichtet wurde, noch nicht mal vorstellen, sich eine neue Kloschüssel zu wünschen. Wohin denn dann mit der alten? Auch der Spülstein mit den alten Fliesen drumherum blieb erhalten. Das war ja alles „noch gut genug". In der schönen, alten Truhe aus der Napoleonzeit, die sie – gut gefüllt – aus ihrem Elternhaus mitgebracht hatte, fanden wir nach ihrem Tod noch viele gute Stoffe und Tücher. Als junges Mädchen hatte sie, wie es damals üblich war, in der „Winterschule" Stoffe „vom laufenden Meter" zugeschnitten und Bettlaken, Bettbezüge und Tischwäsche genäht. Auch Handtücher und Kopfkissenbezüge waren dabei, zum Teil aus wertvollen Leinenstoffen. Die guten Stoffe, Nähgarn und Knöpfe hatten ihre Eltern „auf Spieckern" bezahlt. Denn damals galt der berühmte Paragraph 1620 des Bürgerlichen Gesetzbuches: „Der Vater ist verpflichtet, einer Tochter im Falle der Verehelichung zur Einrichtung des Haushaltes eine angemessene Aussteuer zu gewähren, soweit er bei Berücksichtigung seiner sonstigen Verpflichtungen ohne Gefährdung seines standesgemäßen Unterhalts dazu imstande ist ..." Genäht hat sie selber, zusammen mit vielen anderen jungen Frauen. Sie hat gerne in Gemeinschaft gearbeitet, wie man auf alten Fotos sieht. Sie hatte gut vorgesorgt für den eigenen Hausstand. Als verheiratete Frau dann war sie in all den Jahrzehnten stets sparsam und genügsam. Lieber hat sie alte Bettwäsche geflickt, als sie durch neue aus der Truhe zu ersetzen.

Wichtig war den Eltern aber – und das mit Recht – die Dächer von Haus, Stall und Scheunen regelmäßig kontrollieren und ausbessern zu lassen. „Zuallererst muss das Dach dicht sein", lautete der Wahlspruch meines Vaters. Aber auch im Haus wollte man es schön haben. Und so brachte uns „Onkel Rudi", ein Malermeister aus der Verwandtschaft, in Abständen von einigen Jahren immer wieder ein dickes Tapetenbuch ins Haus. So schöne Papiere, so schöne Muster und Farben! Wir hatten alle Freude daran, für Küche, Wohnzimmer oder Schlafräume passende Tapeten auszuwählen. Natürlich durften diese nicht zu teuer sein, denn die Maler- und Tapezierarbeiten wurden regulär bezahlt, auch wenn sie von einem Verwandten ausgeführt wurden. Die Vorarbeiten waren für die Eltern immer noch zusätzliche Arbeit, aber wir Kinder genossen es als besondere Unternehmung, Möbel von der Wand abzurücken, schwere Teile, vielleicht auf Fußmatten, zu verschieben, Türen auszuhängen, möglicherweise im Wohnzimmer zu essen, da die Küche renoviert wurde. Das „Abflämmen" der Türen und den „Bieranstrich" habe ich allerdings als unangenehmen Geruch in Erinnerung. Die Holzfensterrahmen strich unser Vater selber. Ich erinnere mich daran, wie wir Töchter später dabei geholfen haben: Abschmirgeln, Vorstreichen, zweiter Anstrich. Die Farben werden auch damals nicht billig gewesen sein.

An Kleidung kauften die Eltern für sich nur das Notwendigste. Zum Einkaufen fuhren wir zu viert, später zu fünft, von Ronsdorf mit dem Bus nach Elberfeld. Im Schlussverkauf wurde dann das eine oder andere Kleidungsstück gekauft, für uns Kinder auch Pullover, die mussten bunt und unempfindlich sein. Und als „Krönung" brachten wir regelmäßig bei jeder Einkaufstour eine große Portion Seelachsfilet mit nach Hause. Seelachsfilet mit Senfsauce, die Mama unnachahmlich schmackhaft zubereiten konnte, war für uns eine Delikatesse! Beim Einkauf wurde aber immer „auf das Geld geguckt". Für persönliche Ausgaben durfte es nie zu kostspielig sein. Papa mit seiner ausgefallenen Schuhgröße 47 hatte manches Mal Glück beim Schuhkauf, wenn er überhaupt in seiner Größe Schuhe fand. Häufig gab es ein „Vorjahres-Modell" zum reduzierten Preis. Mama hat ihre neuen, grauen Wildleder-Winterschuhe sogar später mit uns Töchtern „geteilt". Papas langer Wintermantel, der schon auf einem Foto aus dem Jahr 1950 zu sehen ist, wird aber aus gutem „Dahlerauer" Wollstoff gewesen sein, denn er hat jahrzehntelang gehalten.

Mein Vater 1984 beim Spaziergang im guten Wintermantel mit seinem damals zweijährigen Enkel Matthias.

Dieser „Qualitätsmantel" ist mittlerweile vorgesehen für eine Ausstellung im „Wülfing-Museum" in Radevormwald / Dahlerau an der Wupper. Der Stoff ist nach 70 Jahren immer noch bestens!

Pfannen, Töpfe, Küchenmesser und Holzlöffel der Mutter waren ebenfalls „uralt", nach dem Tod der Mutter aber nicht mehr zu gebrauchen. Das alte Lieblingsmesserchen war so abgewetzt, dass nur noch wenig von der Klinge übriggeblieben war. Für dieses Messer hatte Fritz seinerzeit seiner Anna einen neuen Holzgriff hergestellt und mit Nieten befestigt!

Nun wird man sich fragen, ob sich unsere Eltern denn niemals etwas Neues gegönnt haben. Doch! Einmal, und das hatten wir dem Männerchor zu verdanken. Unser Vater war damals mit dem Männerchor unter dem Dirigenten Trust zu Schallplattenaufnahmen nach Köln gefahren, und da wollten wir natürlich die Platte auch zu Hause anhören können. So kam es, dass in diesem Jahr eine „Musitruhe", ein kombiniertes Radio- und Schallplattengerät mit heller Holzverkleidung im „Weihnachtszimmer" stand, gekauft in einem Ronsdorfer Fachhandel.

Sogar ein richtiges Klavier, gebraucht, aber „teuer genug", kam ins Haus. Der Klavierunterricht für Annegret und mich musste natürlich auch noch von den Eltern bezahlt werden. Aber wie stolz waren unsere Eltern, als wir in einem Jahr zusammen mit der „reformierten Flöte" auf der Bühne des „Dürselenhauses" vor großem Publikum vierhändig Klavier vorspielten! Selbst der Widerstandskämpfer und bekannte Theologe „Niemöller" war unter den Anwesenden. Die Flöte spielte eine Klassenkameradin, ein Mädchen aus der reformierten Gemeinde.

Für die Kirche hingegen gaben die Eltern regelmäßig Spenden, so auch zur Renovierung des „Waterhüsken" (CVJM-Heim). Nach einem Vortrag von Mitgliedern der Christoffel-Blindenmission war unsere Mutter sehr erschüttert von einigen Einzelschicksalen. Als sie dann hörte, dass man für zehn oder 20 DM Operationen durchführen kann, die das Augenlicht retten, fing sie an, für diese Organisation zu spenden. In hohem Alter bekam sie dann für 40 Jahre Spendentätigkeit eine Urkunde zugeschickt. Die kam mit der Post. Wo mag wohl der zugehörige, große Briefumschlag geblieben sein? Man könnte doch noch viel darauf schreiben!

Baden

Als wir Kinder waren, gab es kein bis zur Decke gefliestes Bad in Keramik mit fließendem Wasser aus glänzenden Armaturen, mit stets verfügbarem, heißem Wasserstrahl aus den Duschköpfen. Nein, wir stiegen samstags, also nur einmal in der Woche, zum Baden die knarrende Holztreppe hinunter, dann zwei Steinstufen wieder hoch in den ersten Kellerraum rechts. Hier gab es gekälkte, kalte Mauern, grauen Steinboden, zwei kleine Kellerfenster und in der Mitte – freistehend – die große Badewanne.

Zunächst waren wir Töchter dran, danach die Mutter, die anstrengende Vorarbeiten erledigen musste, damit der Badetag der Familie gelingen konnte. Für sie war das Baden nur schnelle, notwendige Körperreinigung, da sie ja auch nach der großen Waschung der Familie noch Nacharbeiten hatte. Sie musste die Wanne säubern, den Baderaum lüften, alle benötigten Utensilien wieder wegräumen, die nassen Handtücher aufhängen und die Herdstelle fegen. Samstagsabends hütete der Vater uns kleine Mädchen in der Küche. „Wo ist denn die Mama?", fragten wir ihn, denn unsere Mutter hatten wir eine Zeitlang nicht gesehen. „Im Hemd!", antwortete er mit gespielt ernster Miene. „Nee, sag doch mal richtig! Wo ist denn die Mama?" fragten wir Kinder wieder, etwas unwillig. „Im Hemd!" wiederholte

Papa belustigt. Dann stimmte er in der Küche voller Vorfreude auf das entspannende, lange Bad das Lied „Ännchen von Tharau" an. Wir Kinder schätzten das Lied, wie es vielleicht auch gemeint war, als Liebeserklärung an seine Frau Anna. Wir hörten seinen tiefen Bass gerne. Bald rief die Mutter von unten aus dem Keller und wir Kinder stiegen die steile Treppe hinunter zum Baden.

Wir beiden, fast gleichaltrigen Mädchen durften lange Jahre gemeinsam in das saubere, warme Wasser steigen. Wie in anderen Familien auch, wurde das Wasser nicht abgelassen, sondern von den Nachfolgenden weiterverwendet. Höchstens wurden schwimmender Schmutz abgeschöpft und frisches, heißes Wasser zugesetzt. Die Mutter hatte Stunden vorher schon den großen, runden Ofen im Keller mit Holz angeheizt, sodass das Wasser in dem Kupferkessel darüber heiß wurde. Eimerweise füllte sie dann das heiße Wasser in die große Badewanne und mischte es mit kaltem Wasser, bis die richtige Temperatur erreicht war. Zum Säubern gab es Waschlappen und Seife, und die Mutter hatte noch zusätzliche Arbeit, uns Mädchen die langen Haare zu waschen – ebenfalls mit Seife. Die Handtücher wurden zum Anwärmen auf den Blechdeckel des Ofenkessels gelegt und, nachdem man sich schnell abgetrocknet und frische Unterwäsche und das Nachthemd angezogen hatte, ging es aus dem kalten Kellerraum schnell hinauf in die warme Küche. Dort stand schon ein Teller Pfannkuchen mit Rübenkraut bereit, in mundgerechte Stücke geschnitten. In Unterwäsche und Nachthemd, mit nassen, langen Haaren vor dem Herd sitzend, genossen wir die wohlige Wärme von hinten und den süßen Pfannkuchen von vorne. Ein Hochgefühl am Wochenende! Und jetzt konnte auch unser Vater nach unten gehen. Nach der oft schweißtreibenden Arbeit in der

Woche genoss der Bauer das Einweichen und Einseifen in der großen Zinkwanne ausgiebig.

Wie das Baden für Kleinkinder vor sich ging, sahen wir bei unserer jüngsten Schwester. Eine kleine Zinkwanne wurde in der Küche auf die abgesenkte Klappe des elektrischen Backofens gestellt. Wasser wurde in Kesseln auf dem Herd gekocht, mit kaltem Wasser gemischt und eingefüllt. Sorgsam legte sich die Mutter die kleine Schwester in den linken Arm, gewöhnte sie an das warme Wasser und wusch sie sanft. Die Handtücher hingen schon griffbereit und vorgewärmt auf kantigen Holzstangen, die über dem Ofen in einer Wandhalterung eingeklemmt wurden.

Unsere Oma von Spieckern, die ab und zu einige Tage zu uns zu Besuch kam, wusch sich in einer kleinen Schüssel. Natürlich haben wir weder Mutter noch Oma jemals nackt gesehen. Die Oma stand in einem grünen oder blauen, langen Strickunterrock vor der Schüssel und wusch sich „obenherum“. Dann zog sie sich wieder das schwarze Alltagskleid an und darüber, wie es damals üblich war, ein oder zwei Schürzen. Durch die Schürzen wurde die Kleidung darunter geschont und sauber gehalten. Badehandtücher wusch man natürlich nicht sofort nach einmaligem Gebrauch, sondern vielleicht drei- oder viermal im Jahr, was sicherlich sehr umweltfreundlich war.

Tagsüber, vor der Schule, wuschen wir uns Gesicht, Hals und Ohren am Spülstein im Flur. Brrr, wie kalt das Wasser war! Es lief in die ovale, flache, weiße Emailleschüssel, die bewusst unter dem Wasserhahn stand. Für das Händewaschen musste das aufgefangene Wasser reichen. Das war die einzige Waschstelle für jeden aus der Familie, auch nach der Arbeit in Stall und Garten. Erst einige Jahre später, Annegret und ich waren schon über 13 Jahre alt, brachte der Klempner oben bei uns im Schlafzimmer ein zusätzliches Waschbecken an, aber auch hier gab es nur kaltes Wasser.

Waschen

Wäschewaschen war in meiner frühen Kindheit für die Hausfrau eine sehr anstrengende Arbeit, nicht: Waschpulver rein, Waschprogramm auswählen, Starttaste drücken und fertig! Wenn ich mich richtig erinnere, haben wir ab dem Frühjahr etwa alle vier Wochen gewaschen. Man musste gutes Wetter abpassen, denn selbstverständlich wurde die Wäsche draußen getrocknet. Am Tag vorher wurde die Schmutzwäsche sortiert. Es gab Weißwäsche (dazu gehörten die Leibwäsche, weiße Handtücher und weiße Bettwäsche, Tischwäsche und Taschentücher), helle und dunkle Buntwäsche. Die Stallkleidung war natürlich ordentlich verschmutzt. Oft weichte man die Wäsche einen Tag vorher ein. Gewaschen wurde im Keller. Wir Kinder hatten strikte Anweisung, uns fernzuhalten. Das kochende Wasser, Feuer und Strom waren gefährlich. Wir besaßen eine elektrische Waschmaschine aus Holz. Das klingt in der heutigen Zeit sehr seltsam. „Holzwände isolieren besser als Metall, sie halten die Wärme besser", wurde mir später erklärt. Wozu Strom? Strom wurde nicht zum Aufheizen des Wassers gebraucht und auch nicht zum Schleudern, sondern nur zum Bewegen der Teile während des Waschens. Im Keller stand der gemauerte, runde Ofen, den die Mutter schon früh vor dem Melken anheizen musste. Mit dem Wasserschlauch füllte sie kaltes Wasser in den großen Zinkkessel. Dieser hatte einen Durchmesser von über einem Meter und war in den Ofen eingelassen. Das Wasser wurde zum Kochen gebracht und dann eimerweise in den Holzbottich der damals hochmodernen Waschmaschine gefüllt. Zum

Waschen benutzte man Kernseife. Diese wurde mit einem Messer in dünnen Scheiben vom Seifenstück abgeschnitten, zum Wasser hinzugegeben und mit einem großen Holzstampfer untergerührt. Dann gab Mutter die Wäscheteile dazu und stellte den Strom an. Unter dem Holzbottich befanden sich Motor und Getriebe. War lange Zeit nicht gewaschen worden, floss möglicherweise Lauge in Rinnsalen unten aus den Ritzen des Bottichs und musste schnell aufgefangen werden. Die Holzwände der Waschmaschine wurden zwar, wie ein Holzfass, durch drei breite Metallbänder zusammengehalten, aber das bedeutete trotzdem nicht, dass der Behälter zu jeder Zeit dicht war. Wenn der Schalter betätigt wurde, drehte sich im Bottich ein Kreuz mit vier paddelähnlichen Holzscheiben. So wurde die Wäsche, wie in einem Kochtopf, horizontal gerührt und bewegte sich nicht, wie in einer modernen Wäschetrommel, in einer vertikalen Kreisbewegung. Ich weiß nicht, wie lange das dauerte, aber die Mutter wusste, wann die Wäsche sauber war. Dann stoppte sie den Waschvorgang, holte mit einer großen Holzzange die Wäscheteile einzeln aus dem Bottich und legte sie in der Badewanne in kaltes Wasser. Dort wurden sie mehrfach hin und her gezogen und so gespült. Wahrscheinlich wurde das Wasser auch noch abgelassen und durch frisches ersetzt. Das Auswringen geschah bei der kleinen Wäsche „auf der Hand", durch mühsames Verdrehen der Arme und festes Drücken mit den Händen. Hier unten im Keller bei der „großen Wäsche" hingegen konnten die Frauen die Wringmaschine einsetzen. Vor 1950 waren es mehrere Frauen gewesen, die miteinander gearbeitet hatten, aber jetzt war es die Mutter alleine, die für saubere Wäsche zu sorgen hatte. Jedes ausgespülte Teil drückte sie zwischen die Walzen der schwenkbaren Wringmaschine, die sich jetzt über dem Bottich befand. So tropfte das Wasser zurück in die Lauge, denn diese wurde noch weiterverwendet. Die Temperatur war natürlich nicht mehr so heiß wie bei der Kochwäsche, aber für die Buntwäsche reichte es noch. Und die Vorgänge wiederholten sich. Wie schwer und mühsam das alles war, kann nur jemand nachempfinden, der solch eine Arbeit schon einmal selber gemacht und dabei im Keller im heißen Wasserdampf gestanden hat. Die Arme steckten oft bis zu den Ellbogen im Wasser.

Es wurde bei weitem nicht so häufig gewaschen wie heutzutage. Oft reichte es, die Kleidung draußen gut zu lüften. Ein Fleck auf dem Stoff wurde ausgerieben oder vorsichtig ausgewaschen, auf keinen Fall gab man das Stück zur Reinigung.

Wie schwer es jetzt war, die Wäsche im Weidenkorb bis zur „Bleiche" zu tragen. Oft hat der Vater hierbei geholfen. Vom Frühling an bis in den Herbst hinein haben wir die nasse Wäsche immer zum Trocknen draußen auf die Leinen gehängt oder kleine Teile „auf die Bleiche" gelegt, also auf dem Gras ausgebreitet. Dabei konnten wir Töchter schon gut helfen. Wir reichten Wäscheklammern an, reckten Taschentücher und Geschirrtücher und breiteten sie auf dem Gras aus. Sonne und Sauerstoff sorgten für weiße Wäsche. Früher haben die „Bleicher" auf den Wupperwiesen immer noch zusätzlich Wasser aus Gießkannen über die ausgebreiteten Teile gesprengt, so erzielten sie bessere Ergebnisse beim Bleichen. Aber die Teile auf dem Gras durften nie ganz trocken werden, denn dann hätte man sie nur mühsam bügeln können. Die „Bleiche", das war ein kleines Wiesenstück oberhalb des Gartens, wo auch die Wäscheleinen gespannt waren. Hier wurde das Gras kurzgehalten. Und wenn die Wäsche dann sorgfältig aufgereiht auf der Leine hing, ertönte manches Mal Mutters Schrei am Kaffeetisch: „Schnell, Kinder, die Wäsche reinholen!" Denn es durfte auf keinen Fall passieren, dass der Regen jetzt noch in die fast trockene

Wäsche fuhr. Wie hätte die Mutter dann die andere Tagesarbeit noch schaffen sollen? Zum Bügeln versammelten wir uns in der Küche. Mama legte eine große, dicke, graue Decke auf den Küchentisch und steckte den Stecker ihres schweren, elektrischen Bügeleisens in die Steckdose. Nach einer Zeit prüfte sie mit dem Finger die Temperatur. Wir Kinder mussten unsere Finger natürlich fernhalten. „Hier sind eure Bügeleisen", sagte Mama und brachte uns vom Herd unsere kleinen Kinder-Bügeleisen. Diese waren speziell für Kinder und benötigten keinen Strom. „Ich habe euch eure Eisen auf dem Ofen heiß gemacht. Jetzt könnt Ihr anfangen, die Taschentücher zu bügeln". Und so zogen wir beiden Mädchen eifrig die Eisen von rechts nach links, von links nach rechts über die Taschentücher.

Ende der fünfziger Jahre schafften wir uns eine vollautomatische Waschmaschine an. Wir waren die erste Familie in der großen Bauernverwandtschaft mit dieser besonderen Errungenschaft. Unsere Mutter hatte nach der Geburt von Marlies zunehmend mit Muskelschwund im Daumenballenbereich zu tun, da konnte diese Haushaltshilfe ihre Handarbeit etwas reduzieren. Sicherlich hätte die Waschmaschine auch Buntwäsche gewaschen, aber Mama war es ja nicht gewohnt, die gebrauchte Lauge der Kochwäsche einfach wegfließen zu lassen. So fing sie das graue, warme Wasser in der Zinkwanne auf und wusch dunkle Teile doch noch auf der Hand.

Kochen

Ein Küchenherd hat heutzutage für gewöhnlich sechs Schalter. Die Kochplatten sind in drei Stufen schaltbar und jederzeit startbereit. Auch der Backofen ist stets einsatzfähig – man braucht nur einen Schalter zu betätigen. Unser Modell war nicht so schnell bereit. Wenn wir Glück hatten, fanden wir morgens nach dem Aufstehen noch etwas Glut vor und brauchten nur etwas Reisig draufzulegen, denn schlauerweise hatte der Letzte abends ein Brikett in feuchtes Zeitungspapier eingewickelt und auf die schwache Glut gelegt. Der alte Ofen in der Küche war gleichermaßen zum Heizen wie zum Kochen da. Eine Zentralheizung gab es erst viel, viel später.

Heute fragt man sich, wie das alles immer zu schaffen war, Stallarbeit, Garten- und Feldarbeit, Kinderhüten, Waschen, Putzen und Essen kochen? „Stehlen kann nicht schlimmer sein", hat unsere Mutter rückblickend gesagt. Ja, die Zeit für das, was gerade dran war, musste sie sich wirklich stehlen. Und Frühstück, Mittagessen und Abendmahlzeit vor dem Melken mussten immer rechtzeitig fertig sein, denn bei der körperlich meist schweren Arbeit hatte jeder eine Pause und eine kräftigende Mahlzeit verdient.

Gegen halb sechs oder sechs Uhr in der Frühe wurden die Kühe gefüttert und gemolken, also musste man kurz nach fünf Uhr aufstehen und in den Stall gehen. Noch etwas müde nach dem abgebrochenen Nachtschlaf, lehnte man oft den Kopf an den warmen Kuhkörper und verrichtete etwa zwei Stunden lang die gewohnte Arbeit. Das Wasser zum Reinigen des Melkgeschirrs kochte bereits in der Küche in großen Kesseln. Anschließend wurde schnell die schwere, gusseiserne Pfanne auf den Herd gestellt, denn üblicherweise gab es neben Brot auch Bratkartoffeln zum Frühstück. Gut, wenn vom Mittag vorher noch genügend Salz- oder Pellkartoffeln übrig waren, denn die warmen, kross gebratenen Erdäpfel waren bei uns allen beliebt. Vor dem Frühstück sprach der Vater das Tischgebet und beim Essen hörte man die Radioandacht. Jeder schmierte sich Brote mit Rübenkraut, vielleicht zusammen mit selbstgemachtem Schichtkäse, einer Art Quark, dazu gab es die Bratkartoffeln vom Teller und – jeden Tag frisch geliefert – für jeden ein Brötchen!

Schnell lernten wir beiden älteren Mädchen, den Tisch zu decken und nach der Mahlzeit auch wieder abzuräumen. Zweimal am Tag wurde die Küche gefegt. So konnten wir unserer Mutter schon etwas Arbeit abnehmen. Als kleine Schulmädchen machten wir uns dann schon alleine das Frühstück, wahrscheinlich um kurz nach sieben. Nur zum „Haaremachen" kam Mama aus dem Stall, denn sie wollte, dass wir das Haus gut frisiert und mit frisch gewaschenem Gesicht verließen. Mit schnellen Handbewegungen kämmte sie unser Haar, zog den Scheitel und flocht uns rechts und links die Zöpfe. Im Winter mussten wir Schal, Lodenmäntelchen, Mütze und Handschuhe anziehen. Dann schnallten wir uns den Tornister auf den Rücken und bekamen eine Lutschtablette gegen Erkältung auf die Zunge gelegt. So starteten wir zwei und machten uns auf den mehr als halbstündigen Fußweg zur Schule, meist zusammen mit unserer Freundin Hannelore, die auch in den Genuss der Lutschtablette kam. Wenn wir dann mittags, müde nach dem langen Schulweg, zu Hause eintrafen, war das Mittagessen schon fertig. Was unsere Mutter am Vormittag während unseres Unterrichts schon alles erledigt hatte, konnten wir nur ahnen. Das Zubereiten der Mittagsmahlzeit war nur ein geringer Teil dieser Arbeit. Auf dem Feld, im Garten, im Stall oder im Haus trug die Mutter nie eine Armbanduhr. Die Länge von Arbeitsabläufen konnte sie gut einschätzen und somit rechtzeitig abbrechen, um die nächste, notwendige Aufgabe zu beginnen, ohne einen Blick auf die Uhr zu werfen. Spätestens dann, wenn sich das Hungergefühl im Magen meldete, war es Zeit, in die Küche zu gehen und das Mittagessen zuzubereiten. Damit alles rechtzeitig auf dem Tisch stand, wurde das Gemüse oft schon am Abend vorher geputzt. Diese

Tätigkeit wurde möglichst im Sitzen vorgenommen, denn Arbeiten im Stehen, Laufen oder Bücken gab es am Tag schon genug. Oft halfen wir Mädchen dabei, indem wir etwa Erbsen und Bohnen döppten, also aus der Schale herausstrichen, oder Rosekohlröschen vom Stängel abbrachen. Wie mühevoll und unangenehm es war, die Vorarbeiten für eine Salatmahlzeit im Winter zu erledigen! Da musste man sich zuerst warm anziehen, alte Schuhe überstreifen und den grauen „Emaillekump" und ein altes Messer mitnehmen. Es ging in den Garten, wo der Feldsalat, womöglich unter Schnee, geerntet wurde. Dabei holte man sich kalte Finger, und auch beim mehrfachen Waschen der Salatblätter blieben sie kalt. Wenn man nicht sorgfältig arbeitete, hatte man vielleicht sogar kleine Kiessteinchen vom Gartenweg zwischen den Zähnen.

Es gab viel Gemüse und Kartoffeln, immer aus eigener Ernte vom Garten oder vom Feld. Blumenkohl, Rosenkohl und Weißkohl wuchsen am Feldrand. Ich kann mich noch daran erinnern, dass die Blätter des Blumenkohls rechtzeitig zur Mitte umgeknickt werden mussten, um schöne weiße Köpfe zu erhalten. Wenn im Herbst die riesigen „Kappesköppe" (Weißkohlköpfe) geerntet waren, mussten wir beiden größeren Schwestern zum benachbarten Bauernhof gehen, um wie jedes Jahr die „Kappesschabe" auszuleihen. Zu Hause stellte die Mutter die Kappesschabe dann in eine Zinkwanne und drückte jeden Kohlkopf kräftig über die Messer des Arbeitsgerätes. Das war wirklich eine anstrengende Arbeit. Dann ging es daran, in den großen, grauen Steintöpfen im Keller Sauerkraut herzustellen. Dazu wurde zwischen den Schichten viel Salz gebraucht. Zum Andrücken der Gärmasse legte man obendrauf zunächst ein sauberes Geschirrtuch und darauf ein Holzbrett, auf dem wiederum ein dicker, sauberer Wackerstein ruhte. Gut, dass unsere Mutter in diesen Dingen so erfahren war! „Heute habe ich es gut, heute bin ich schnell fertig!", sagte sie im Winter manches Mal mit Erleichterung, wenn sie für das Mittagessen auf Sauerkraut zurückgreifen konnte, denn nach der großen Vorarbeit im Herbst war jetzt, im Winter, die Mahlzeit ohne viel Mühe fertig.

Kartoffeln gab es jeden Mittag. Im Herbst wurden sie auf unserem Feld geerntet, und so rutschten etliche Zentner vom Hof durch das Kellerfenster über das schräge Mauerwerk in den kalten Keller. Dort hatten sie ihren Platz, durch Bretterwände getrennt vom Vorrat an Kohlen und Briketts. Wie viele Kartoffelgerichte wir kennenlernten: Salzkartoffeln und Pellkartoffeln, Bratkartoffeln aus gekochten und aus rohen Kartoffeln, Kartoffelbrei, Kartoffeln mit Bratensoße oder in weißer Mehl-Milch-Soße, Speckkartoffeln und, ganz besonders köstlich: Reibeplätzchen und Pillekuchen! Natürlich wurden viele Gemüsearten als Gemüse „untereinander", also mit Kartoffeln gestampft, gegessen. Und sehr oft kochte unsere Mutter große Mengen auf Vorrat, um an Tagen, wenn sie erschöpft und spät von der Feldarbeit kam, das Essen schon fertig zu haben. Denn bei unserem Herd, dessen Feuer mit Holz, Briketts und Kohlen erhalten wurde, konnte man vor Beginn der Feld- oder Gartenarbeit den Topf mit Gemüse schon mal hinten an der „Ofespiep" (Ofenrohr) zum allmählichen Erwärmen, aufstellen. Meistens gab es auch noch ein Stück Speck oder auch Reste vom Sonntagsbraten, aber allzu viel Fleisch haben wir nicht gegessen. Exotische Gewürze wie Oregano, Paprika, oder Kräuter der Provence lernten wir nicht kennen. Pfeffer und Salz, Zimt und Zucker, Lorbeerblätter und Muskatnuss sowie Schnittlauch, Petersilie und Dill aus dem Garten waren die Kräuter und Gewürze, die bei uns verwendet wurden. Wir Kinder aßen alles, was auf den Tisch kam. Den Ausspruch „Das mag ich nicht!" gab es bei uns nicht.

Grüne Bohnen aus dem Einkochglas ergaben mit Soße aus dem abgeschöpften Rahm von der Dickmilch und Schnittlauch aus dem Garten schnell einen schönen Salat, das war ein Sonntagsessen! Und zum Sonntagsessen gehörte natürlich ein frisch gekochter Vanille-Pudding, meistens mit Obst aus eigener Ernte. Wir Töchter lernten schon früh, aus anderthalb Litern Milch, sechs Esslöffeln Zucker und drei Päckchen Puddingpulver einen Pudding zu kochen. War das Feuer im Ofen nicht stark genug, war das eine langwierige Angelegenheit, denn die Milch konnte nicht zum Kochen gebracht werden. Da musste man mal erst wieder ein gutes Stück Holz nachlegen und richtig „stochen", also mit dem gebogenen „Stocheisen" rütteln, sodass mehr Luft in den Feuerraum kam. Einmal – vielleicht war Mutter zu dem Zeitpunkt im Krankenhaus – hatte unser Vater ausnahmsweise Küchendienst und sollte Grießpudding kochen. In meiner Erinnerung sehe ich ihn noch mit dem Teller Grießpulver am Herd stehen. Die von seiner Frau angegebene Menge erschien ihm dann doch zu gering, und er gab noch etwas mehr hinzu. Die Folge war, dass wir den Grießpudding mit Messer und Gabel essen mussten, weil er so fest war, dass wir ihn mit dem Löffel nicht zerteilen konnten.

Wir alle lernten früh, den Ofen anzufeuern. Dafür musste man zunächst mit dem Plattenheber den Mittelkreis und die beiden Eisenringe in der Herdplatte entnehmen, zur Seite legen und die graue, kalte Asche mit der Schaufel durch den Gitterrost bis in das Aschefach ganz unten im Ofen drücken. War das Ascheschoss voll, wurde es in den Garten gebracht und dort entleert (Asche ist ein guter Dünger). Nun musste man Zeitungspapier zerknüllen und zusammen mit etwas „Anmachholz" (trockenen Reisigzweigen) in das Feuerfach des Herds legen, zwei, drei dünnere Holzstücke drauflegen und wegen der besseren Belüftung die

Klappe vorne über dem Aschefach öffnen. Auch hinten an der Ofenpfeife musste man den Hebel auf „Luft" stellen und ein entzündetes Streichholz ans Papier halten. Zum Feuererhalten wurden größere Holzstücke und ein Brikett nachgelegt. Natürlich musste die Herdöffnung schnell wieder geschlossen werden, indem man die beiden Ringe und den Mittelkreis wieder auflegte. Nur wenn wir ganz starkes Feuer brauchten, stellten wir den Topf oder die Pfanne direkt auf die Flamme. Die beiden Eisenpfannen, die unsere Mutter vielleicht schon von den Schwiegereltern geerbt hatte, sahen auch entsprechend verrußt und unansehnlich aus. Allerdings taten sie bis zum Schluss ihren Dienst. Die Herdplatte hingegen wurde täglich nach dem Mittagessen mit Herdmittel geputzt und „gewienert", meist von der Mutter, selten mal von uns Töchtern. Zuerst gab sie einige Spritzer „Herdweiß" auf den alten Lappen, dann scheuerte sie mit kräftigem Druck die Platte, welche anschließend mit einem weichen schwarzen Rußlappen zum Glänzen gebracht wurde. Denn „eigner Herd ist Goldes wert!" Heute steht dieser Herd bei meiner Tochter Christine in Bochum. Und sie weiß auch, wie man ihn anfeuert.

Gespült wurde zu meiner Kinderzeit in der großen Emaille-Schüssel des alten Ausziehtisches in der Küche. Mama hatte in einem Flötenkessel auf dem Herd Wasser zum Kochen gebracht und dann, mit kaltem Wasser gemischt, in die Spülschüssel geschüttet. Links neben der Schüssel gab es einen großen Deckel aus Emaille. Darauf legten wir das gespülte Geschirr. Und jetzt ging es ans Abtrocknen. Das war eine Arbeit, die wir Mädchen mittags gut übernehmen konnten. Es waren immer Suppenteller zu spülen, da es bestimmt vier Tage lang immer noch etwas von der Sonntagssuppe gab. Die Hauptmahlzeit, stets mit Kartoffeln, bekamen wir auch in die Suppenteller gefüllt. Lange Zeit aßen wir auch den Nachtisch aus den gebrauchten, tiefen

Tellern. So hielt sich die Geschirrmenge etwas in Grenzen, außerdem wurden wir auf diese Weise angehalten, unsere Teller leer zu essen. Denn wie hätte wohl Grünkohl mit Pudding und Apfelmus geschmeckt? Unser Vater machte seinen Teller nach dem Essen immer besonders sauber – eigentlich hätte man ihn gar nicht mehr zu spülen brauchen – hatte er doch in seiner Kindheit und Jugend beim Essen meist mit mehr als zehn Personen am Tisch gesessen. Da war jeder froh, wenn er genug bekam.

Sprüche

„Immer nur Sonnenschein, wäre zu hell; immer nur weitergeh'n ginge zu schnell. Nebel und Regenguss muss auch mal sein, willst du am Sonnenschein doppelt dich freu'n!"

„Geh ohne Stab nicht durch den Schnee! Geh ohne Steuer nicht zur See! Geh ohne Gebet und Gotteswort niemals aus deinem Hause fort!"

„Vergesse nie die Heimat, wo deine Wiege stand! Du findest in der Ferne kein zweites Heimatland!"

„Zu steh'n in frommer Eltern Pflege, welch reicher Segen für ein Kind! Ihm sind gebahnt die rechten Wege, die vielen schwer zu finden sind." Solche und ähnliche Sprüche fanden sich in jener Zeit im Poesiealbum. In einem Jahr gab es zu Weihnachten, am „Chrestdag", auch für uns beiden großen Mädchen jeweils ein solches Büchlein, ein blaues und ein rotes. In der Volksschule reichten wir es von einem Mädchen zum nächsten und sammelten solche schönen Sprüche zur Erinnerung, mit bunten „Glanzbildern" geschmückt.

Aber es sind nicht nur die Sprüche aus meinem Poesiealbum, die mir in Erinnerung geblieben sind, sondern auch die, die wir zu Hause, oftmals „auf Platt" von den

Eltern hörten. Etwa „Pass op" (Pass auf)! Wir Kinder sprachen die Mundart nur selten, aber wir konnten sie recht gut verstehen. Das fing morgens vielleicht an mit „uppstonn" - aufstehen! Wer zu lang im Bett liegen blieb, war ein „Langschlöper, fule Fott", also „Langschläfer". „Morgenstund' hat Gold im Mund", das konnte jeder bei uns in der Familie nachvollziehen. Morgens, nach der Früharbeit im Stall, gab es dann gerne eine „Pann Bünnäpel", eine Pfanne mit Pellkartoffeln, die aufgebraten wurden zu Bratkartoffeln. Die Eltern freuten sich über ein „gutes Köppken Kaffe" und die Tageszeitung. Die Brote wurden mit „Röwenmus" – mit Rübenkraut geschmiert. Hielt jemand am Tisch das Messer in der linken Hand, fragte Mama wohl belustigt: „Bist du denn ein Linkspöter" (Linkshänder)?" „Tau dech!", das galt für den Schulweg, aber auch für die Arbeit zu Hause und auf dem Feld. („Beeil dich") „We-it, man tau", konnten wir auch als Aufforderung vom Vater hören („Mädchen, mach voran"). Für die Schule brauchten wir Kinder natürlich andere „Kledderasch" (Kleidung). „Ihr habt doch das Butterbrot drin, woll?" vergewisserte die Mutter sich manchmal, wenn wir mit gepacktem Tornister dastanden. „Woll", ein Satzanhängsel, das in der Wuppertaler Gegend oft zu hören ist. Damals, in den fünfziger Jahren, gingen die Eltern im „Sonndagsstaat" (Sonntagskleidung), wenn sie sich fein machten. „Trekk dech warm an", galt da wohl für uns Kinder („Zieh dich warm an"), „Hängschen" konnten da auch helfen (Handschuhe).

Mittags gab es fast immer „Ärpel mit Gemüs oder grönen Schlot" (Kartoffeln mit Gemüse oder grünen Salat). Gemüse wurde oft „dorrgeen" gekocht (untereinander). „Ääzen" wurden im „Kump" abends vorher verlesen (Erbsen in der Schüssel) und am Samstag kam oft „Ääzensupp" auf den Tisch. Um Gemüse zu putzen, holte sich Mama das „Metz aussem Schaap"

(Messer aus dem Schrank), das lag in dem obersten „Schoss" (Schublade). In der „Scheppe" wurde noch ein Rest Soße warm gemacht (kleiner Topf). Brauchte man ein größeres Feuer zum Kochen, wurde mit dem „Stooki-esen" (Stocheisen) gestocht, also für mehr Luft im Ofen gesorgt.

Im Winter holte man „Fitzebuanen aus der Tonn" (Schnibbelbohnen aus dem Fass) und Zwiebeln vom „Oller" (Speicher). Zum Speck nahm man sich ordentlich „Mostert" (Senf). Und jedes Mal, „alldags wie sondags" (alltags wie sonntags) einen Nachtisch, vielleicht „stiewen Ries" (steifen Milchreis) mit „Appelmus" (Apfelmus). „Puffertsplätzkes" konnte Mama auch vortrefflich backen (Fettgebackenes in der Pfanne). Natürlich auch „Schmeerbrei oder Pannenbrei"(Schmierbrei). Dazu stellte man einen dünnen Eierkuchenteig her und schnitt fetten Speck in kleine Würfel. Wenn die „Speckdöbelsches" dann goldbraun gebraten waren, kam der dünnflüssige Teig in die Pfanne und wurde mit einer großen Gabel gerührt. „Pillekoken" konnte es nur geben, wenn wir dicke Kartoffeln hatten. Diese wurden auf der „Schnibbelreibe" mit der Hand gerieben.

Im Sommer war es das Schönste, selbstgemachte Dickmilch mit Zimt und Zucker zu essen. Während wir Kinder spülten und die Mutter den Herd putzte, konnte Papa auf dem Küchensofa einen „Ünnunger" halten (einen Mittagsschlaf). Seine Schwester Alwine wollte vornehm tun und sagte einmal dazu „Einunter". Auf jeden Fall konnte Papa nach dem Essen, nachdem er „Böck" gesagt hatte (aufgestoßen hatte), immer gut schlafen und schnarchen.

„Ha – püü, ha - püü" kam es mit leichtem Luftzug erwartungsgemäß links aus dem leicht geöffnetem Mund. Mama sahen wir nie zum Ausruhen auf dem Sofa in der Küche oder im Wohnzimmer liegen. Auch

„nobern" ging sie nie (zu Nachbarn gehen, um mit denen zu „klönen", also ein Schwätzchen zu halten). Mit dem Schrubber und dem Klöngel (Putzlappen) war sie schon wieder mit „Renmaken" (Saubermachen) „togang" (beschäftigt).

Nachmittags mussten wir dann die „Scholsaken" machen (die Hausaufgaben), nachdem wir die kleinen Leder-Tornister in der Küche an den Nagel gehängt hatten. Papa war bestimmt in „Joppe" (Jacke) und Kappe schon wieder draußen bei der Arbeit. In seinen Jacken- oder Hosentaschen gab es immer alte „Sackbändel" und oft einige Kastanien, die sollten gut sein gegen Rheuma. Später steckte er immer einige kleine, gebrauchte Plastiktüten in seine Manteltasche. So war er immer gut vorbereitet, wenn er kleine Keimlinge von einheimischen oder exotischen Bäumen fand. Auf dem Getreidefeld waren die „Möschen" nicht beliebt (Spatzen), ebenso schlecht gelitten waren die „Duwen" (Tauben), die fraßen zu viel von der neuen Saat. Fritz verjagte die Vögel und schaute zum bewölkten Himmel: „Et trekkt sech tau" (es zieht sich zu). Hatte es längere Zeit nicht geregnet, wünschte er sich wohl: „Rännt et mal!" (Wenn es doch nur regnete!). Bei schlechtem Wetter mussten wir Kinder „fottens" rein ins Haus (schnellstens). Denn einen „Paraplü" hatten wir meist nicht dabei (Schirm), den hatten nur die feinen „Frolleins" (Mädchen, eigentlich: unverheiratete junge Frauen). Wir sollten zu vornehmen Gehabe nicht „uppritzig" gemacht werden (neugierig gemacht, angestachelt). Wollten wir Kinder schon vor der Mahlzeit etwas haben, gab es oft einen Zwieback, aber nur einen. Denn Mama ermahnte: „Wekker itt, beför mer itt, der kann nech eeten, wenn mer itt!" (Wer isst, bevor man isst, der kann nicht essen, wenn man isst. Wer also vorher schon isst, hat bei der gemeinsamen Mahlzeit keinen Hunger mehr). Wer wollte schon gerne verzichten auf

„Schmerbrei" oder „Pannkoken" (Schmierbrei, Pfann-kuchen)? „Panhas" auf „Schwattbruot" (Schwarzbrot) mochte jeder gerne, ebenso „witten Kees mit Krut" (Quark mit Rübenkraut). Die „Riefkoken" (Reibeplätz-chen) schmeckten so gut, dass man oft „Buckpinn" davon bekam (Bauchschmerzen). Da war „Pupsen" schon mal erlaubt. Von Papa kam der Spruch: „Besser in de wide Welt als innen engen Bukk" (Besser in die weite Welt, als in den engen Bauch)! Blähungen gab es bestimmt auch am Jahresanfang, denn Mama wusste die „Muzen" am Neujahrstag besonders gut zu backen (fettgebackene Krapfen), und da aß man unbedacht zu viel. Da musste sich keiner den „Schmachtreemen" enger schnallen (Hosengürtel, „Schmacht" bedeutet „Hunger").

Obst gab es immer aus eigener Ernte. Mal war das Jahr gut für „Krinselen" (Stachelbeeren), mal für „Pru-men" (Pflaumen), mal für „Äpel" (Äpfel). Manche Ap-felsorten ließen sich im kalten Keller bis Mai lagern.

Als wir groß genug waren und die Eltern es uns er-laubten, gingen wir in einer großen Gruppe mit den anderen Holthauser „Blagen" (Kindern) zum „Mäten-sengen" (Martinssingen). Seit Jahrzehnten galt: „Wir treffen uns um fünf Uhr am Briefkasten an der Gast-stätte". Selbstverständlich damals ohne Eltern. Die Gro-ßen kümmerten sich vorbildlich um die Kleinen und „ließen sie immer vor". Damals konnten alle Kinder die Strophen auf „Platt": „Mäten, Mäten, Mäten ess en gueden Mann, dä us guet jet jewen kann: de Äpel un de Bieren, de Nüete gonnt noch met dobi, de Frau, de löpt de Trappe rupp un brengt en Schuat voll met araff." Bei uns auf dem Hof angekommen, musste die Kinderschar allerdings noch ein zusätzliches Lied singen, den Cho-ral „Ein feste Burg ist unser Gott".

Krankheit

Wir drei Kinder kamen alle gesund auf die Welt, was
für unsere Eltern ein großes Geschenk darstellte. In den
ersten Jahren werden wir schon hin und wieder die eine
oder andere Erkältung gehabt haben, aber nichts Nen-
nenswertes. Unangenehm waren die Einläufe mit Sei-
fenwasser, die es bei Verstopfung hinten rein gab. Dafür hat unsere Mutter aber auch nie geschimpft, wenn
uns die Übelkeit plötzlich überfiel und wir uns auf den
Bettvorleger erbrachen. Wenn wir erkrankt waren, traf
es uns, die beiden ältesten Mädchen, meistens gleichzeitig. „Ein Abwasch", sagte Mama dann. Und so lagen
wir beide mit Bauchschmerzen oder Fieber zur gleichen
Zeit in der schönen, großen Wohnküche auf dem Sofa
mit den vielen Kissen, um es uns gemütlich einzurich-
ten. Eine hatte den Kopf links, die andere rechts auf
dem Sofa, in der Mitte trafen wir uns friedlich mit den
Beinen. Hörte man dann das leichte Klappern von Küchenarbeit, klangen die Geräusche gedämpft ans Ohr,
vertraut und angenehm, und wir glitten hinüber in den
Schlaf. „Einlullen", haben wir später gesagt. Wir fühlten uns behütet und gut versorgt. Mama machte uns
eine „Pellkartoffelpackung" gegen Husten und legte
uns bei Fieber einen nassen Waschlappen auf die Stirn.
Das Fieberthermometer musste zunächst „herunterge-
schlagen" werden und kam dann unter den Arm. Die
roten Bäckchen glühten, alles war ganz weit weg und
die Arbeit ging uns nichts an. Die Wanduhr tickte in
vertrauter Art weiter. Wir brauchten nur zu ruhen und
gesund zu werden. Unsere Mutter blieb, wenn es eben
ging, meistens in der Nähe. War sie doch mal eine kurze Zeit weg, im Garten oder im Stall, so waren wir ja
zu zweit.

Hatten wir eine leichte Schürfwunde, so hieß es von
Papa lapidar: „Nüchtern Spucke drüber!" Und das half

tatsächlich. Gegen Prellungen und Beulen hatte Mama Arnika als wirksames Mittel eingesetzt. Diese Tinktur verwahrte sie immer hinter der Klappe des großen Flurschranks zusammen mit Pflaster und Verbandszeug. Stürze auf das Knie gab es immer wieder; bei meiner Schwester Annegret, die so schnell heranwuchs, häufiger als bei mir. Mit drei Jahren war Annegret schon größer als ich. Zunächst war es nur ein kleiner Größenunterschied, aber bald betrug er etwas mehr als 15 Zentimeter. Als ich dann, nachdem wir ausgewachsen waren, im Formular für ihren Personalausweis 1,80 m statt 1,79 m angab, war sie mir doch etwas böse. Meistens haben wir uns aber sehr gut vertragen. Nur einmal, als wir in den Betten spielen durften, hatten wir wohl eine kleine Auseinandersetzung und Annegret kratzte mir durchs Gesicht, dass es ein wenig blutete. „Das hat eine Katze gemacht", schützte ich meine große, kleine Schwester.

Hatten wir Kinder eine Krankheit, die die Mutter nicht in den Griff bekam, wurde der Hausarzt gerufen, der damals noch seinem Namen Ehre machte: Er kam tatsächlich ins Haus. Bei uns hieß er „Onkel Ernst", weil er ein Vetter unseres Vaters war. Natürlich hieß er auch schon mal „Onkel Pillemann" wie in den Kinderbüchern. „So, Annegret, dann wein' noch mal", so hat meine Schwester oftmals zu sich selbst gesprochen, nachdem sie einige Male aufs Knie gefallen war und immer wieder fiel. Ursprünglich war es vielleicht der Ausspruch unserer Mutter. Mit verletztem Knie stand Annegret dann dort und schaute mit schmerzverzerrtem Gesicht auf das Blut, das vom Knie hinunterlief, ohne sofort zu weinen. Denn wir waren hart im Nehmen. Einmal, als meine Schwester Annegret vom hohen Heuhaufen fiel und den Arm nicht recht gebrauchen konnte, schrie sie: „Nicht zum Onkel Ernst! Nicht zum Onkel Ernst!" Es war die Zeit, als der Hausarzt nicht mehr unbedingt ins Haus kam. Unsere Mutter hätte mit meiner verletzten Schwester nach Ronsdorf zur Marktstraße gehen müssen und wäre an dem Tag nicht mehr zur Heuarbeit gekommen. Sie dachte: „Wenn sich das Kind so weigert, wird es ja wohl nicht so schlimm sein!" Sie nahm ihr Kopftuch und verknotete es auf dem Feld zu einer Schlinge, in die der Arm hineingelegt werden konnte. Das hat geholfen. Und wir sind an dem Tag noch mit der Arbeit im Heu fertig geworden.

„Seid vorsichtig!", „Passt auf!", „Lauft nicht weg!", „Klettert nicht so hoch!", „Bleibt schön zusammen!" - das waren natürlich Ermahnungen, die wir oft von unserer Mutter hörten. „Zieht euch warm genug an!" gehörte auch noch in diese Reihe. Und so mussten wir im März noch lange Strümpfe anziehen, während andere Mädchen zu Ostern vielleicht schon Kniestrümpfe tragen durften. Und gegen die „gefährliche Märzenluft" gehörten Mützen auf den Kopf. Aber dank dieser Vorsichtsmaßnahmen haben wir nie eine Mittelohrentzündung bekommen. Wer davon geplagt ist, kann sich vorstellen, wie dankbar wir unserer Mutter heute dafür sind.

Zahnschmerzen traten bei mir häufiger auf als bei den anderen in der Familie. Dann lief ich vor Schmerzen oft die Treppe hinauf. Ich wollte meinen Kummer nicht so zeigen. Vielleicht dachte ich auch, ich könnte die Zahnschmerzen wegleugnen oder ganz verjagen. Leider war es damals in unseren Kreisen nicht üblich, die Zähne regelmäßig zu putzen. Manchmal war dann natürlich der Gang zum Zahnarzt unvermeidbar. Bei meinem Vater waren es auch die kranken Zähne, die damals Anfang der fünfziger Jahre sein schlimmes Rheuma verursacht hatten. Zum Glück hatte der Arzt schnell den Verdacht, dass die schmerzhafte Erkrankung an toten Zähnen im Gebiss liegen könnte. Alle

Zähne wurden gezogen, und so bekam unser Vater Fritz dann ein Gebiss. Für uns Kinder war es faszinierend, dass er seine Zähne herausnehmen und über Nacht in ein Glas legen konnte.

Im ersten Schuljahr kam ich irgendwann einmal mit der Nachricht nach Hause: „Der Herr Quint hat gesagt, dass ich schlecht sehen kann." „Ich weiß nur, dass Ihr manchmal schlecht hören könnt.", entgegnete Mama, die, genau wie Papa, keine Brille benötigte. Aber Papa fuhr dann doch bald mit mir nach Elberfeld zum Augenarzt in die Weststraße. Und so bekam ich wegen meiner Kurzsichtigkeit die erste Brille – kein Schmuckstück in der damaligen Zeit. Aber ich hatte zeitlebens noch genügend Gelegenheiten, andere Modelle auszuprobieren.

Annegret und ich trugen gewöhnlich die gleiche Kleidung. Standen wir nebeneinander, wussten die meisten: Die Große ist die Jüngere, die Kleine aber die Ältere. Wenn wir saßen, war es schon schwieriger. Aber nun konnte man uns an der Brille unterscheiden, wenn ich sie denn trug. Es war typisch für mich, dass ich meine Verletzungen und Schmerzen nicht zeigen wollte. So hielt ich einmal, als Besuch kam, demonstrativ die verbundene Hand die ganze Zeit hinter dem Rücken. Daran erinnere ich mich ganz genau. Durch gespielte Fröhlichkeit gab ich mir den Anschein, dass alles in Ordnung sei.

Ich hatte aber ein mitleidiges Herz für Andere, auch für die Tiere im Stall. Kam der Tierarzt Daubenbüchel in die Küche, verkroch ich mich meist im Wohnzimmer. Ich hatte mir vorgestellt, er hätte den Kühen im Stall etwas angetan, dabei hatte er vielleicht nur eine künstliche Besamung vorgenommen. Unsere Eltern sprachen ihr ganzes Leben lang mit Hochachtung von diesem Tierarzt, hatte er doch einmal, bei einer schwierigen Geburt, eine „Mund-zu-Mund-Beatmung" bei einem Kälbchen durchgeführt und das Neugeborene so am Leben erhalten.

Mit zehn Jahren wurde ich ernsthaft krank. Eine hartnäckige Mandelentzündung entwickelte sich bei mir zur Lungenentzündung. Mama war sehr in Sorge, wurde sie doch wieder daran erinnert, dass beide Söhne ihrer Schwester Emmi im Alter von knapp neun Jahren verstorben waren. Jetzt wurde im Wohnzimmer neben der Küche ein Bett für mich aufgestellt, Onkel Ernst verschrieb Penicillin, was zu einer Senkung des gefährlich hohen Fiebers führte. Jedoch stellte sich bei mir an Händen und Füßen ein unerträglich juckender Ausschlag ein; eine Allergie gegen Penicillin. Als ich nach Wochen mütterlicher Pflege endlich wieder aufstehen durfte, kam der nächste Schreck: Ich konnte nicht mehr durch die Küche gehen, so schwach war ich geworden. Gestützt auf Mamas Arm machte ich die ersten Schritte und dann täglich mehr. Bald durfte ich auch wieder an die frische Luft, um die Widerstandskräfte zu steigern. Annegret brachte die Hausaufgaben der vierten Klasse mit und so konnte ich den Stoff zu Hause ein bisschen nachholen. Kurze Zeit später war ich wieder richtig gesund, und alle atmeten erleichtert auf.

Als wir einmal mit der Mutter zusammen in der Küche saßen, kam unser Lehrling Helmut hereingestürzt, kreidebleich und mit blutender Hand. Meine Mutter holte schnell Verbandszeug aus dem großen Flurschrank und fing an, die Wunde zu versorgen. Helmut jedoch, der wohl kein Blut sehen konnte, wurde ohnmächtig und fiel wie ein Brett gegen die Nähmaschine. Das gebogene Schutzholz vom Schwungrad blieb auf immer schief stehen. Aber Helmut kam wieder zu sich und die Wunde heilte schnell ab. Wir waren froh, dass wir diesen Helfer auf dem Hof hatten. Im Jahr 1954, mit 15 Jahren, fing er die Ausbildung bei uns an und blieb bis 1958. Einige Jahre später kam dann unsere Mutter mit blutendem Bein und Taschentuch in die Küche gelaufen. Sie hatte sich bei der Holzarbeit im Schuppen mit dem Beil verletzt. Während ich vor Schrecken weinte und nichts machen konnte, holte meine Schwester beherzt das Verbandszeug und versorgte die Wunde. Schon damals zeigte sich Annegrets Begabung in medizinischer Richtung. Für eine Frau immer noch ungewöhnlich, hat sie die Laufbahn einer Chirurgin eingeschlagen.

Worte

Mein erstes Wort wird „Mama" gewesen sein, mein zweites Wort „Papa" und gleich danach kam „Eia auch!" Wenn Papa mit mir, dem erstgeborenen kleinen Töchterchen, auf die andere Straßenseite in die Gaststätte Paul Engels ging, um dort Küchenabfälle für die Tiere zu holen, gab es für mich immer ein Bonbon oder ein Plätzchen – zunächst einmal nur eins – denn die Nachbarn hörten so gerne meine Bitte: „Eia auch". Mein kleines Schwesterchen „Eia" (Annegret) sollte nicht leer ausgehen, und so bekam ich für sie auch ein Bonbon oder Plätzchen.

Wir beiden fast gleichaltrigen Schwestern, 1951 und 1952 geboren, werden als Kleinkinder munter geplappert haben, und unsere Eltern haben uns immer verstanden. Später, als wir in der Schule waren, hieß es bei „Beteiligung am Unterricht" meistens: „zu still" oder „muss reger werden". Wir waren in der Schulklasse nicht diejenigen, die sich ständig mit großen Wortbeiträgen im Unterricht hervorgetan hätten. Kurze, passende Antworten und richtige Ergebnisse beim

Rechnen waren eher unsere Art der Beteiligung. Aber ab und zu wurden uns Mädchen zu Hause bestimmte Worte abverlangt. Hatten wir irgendeine kleine Untat begangen, so mussten wir uns auf Mamas Schoß setzen und versprechen: „Ich will wieder lieb sein!"

Bei uns in der Familie wurde nicht viel geredet, auch bei Tisch nicht. Alle drei Mahlzeiten nahmen wir meistens gemeinsam ein, da wäre viel Zeit gewesen, um den Töchtern etwas zu erzählen, von der gemeinsamen Arbeit, von Familiengeschichten, von der Welt. Unser Vater war ein recht gut belesener Mensch und meldete sich im Gemeindeseminar der Kirchengemeinde qualifiziert und mit eigener Meinung zu Wort. Er wusste in Politik, Geschichte und Erdkunde Bescheid, da hätte er unserem wachsenden Geist viele Anregungen geben können. Aber in der Familie war er recht schweigsam. Dennoch hatten seine Worte Gewicht. Am liebsten sprach er mit seinesgleichen. Und wenn ein Bauer aus der Nachbarschaft kam, dann fachsimpelte man über das Wetter, das bestellte Feld, die Ernteerträge, die Milchpreise und auch über die Politik in der kleinen und großen Welt. Das war Männersache. Während die Bauern in der Küche oder im Stall redeten, fuhr meine Mutter mit ihrer Arbeit fort. Sie schälte Kartoffeln, putzte Gemüse oder verrichtete Gartenarbeiten. Auch wenn sie am Gartenzaun von Nachbarinnen angesprochen wurde, nahm sie sich kaum Zeit für ein Schwätzchen, denn ihre Arbeit musste getan werden und ein Stehenbleiben gab es nicht. Nur sonntags genoss sie es, im Kreise ihrer Lieben zu sitzen und sich auszuruhen. Dabei war sie stets ruhig und zurückhaltend. Nur, wenn es um uns Kinder ging, wuchs sie über sich hinaus. „Es ist wohl am besten, wenn wir die Beiden gleich in die Hilfsschule einweisen!", hatte die Lehrerin bei unserem Einschulungsgespräch gesagt. Da hat unsere Mutter für ihre Mädchen gekämpft wie eine Löwin. Diese so genannte Pädagogin hatte offenbar keine hohe Meinung von

Bauernfamilien. Meine Mutter fühlte sich tief verletzt, hatte sie doch schon so viel getan, um ihre Töchter auf die Schule vorzubereiten. Vielleicht war dieses Vorurteil der Grund dafür, dass unsere Mutter während unserer Schulzeit immer sehr bemüht um unser Vorankommen war. Trotz ihres großen Arbeitspensums hat sie uns in den ersten Schuljahren gut angeleitet, sauber, ordentlich und selbständig die Hausaufgaben zu erledigen, die dann von ihr kontrolliert wurden. Und zu ihren „pädagogischen Ideen" gehörte auch, dass wir bei den Hausaufgaben ein Kissen zwischen unsere Tafeln oder Hefte gelegt bekamen, damit wir nicht abgucken konnten.

Die Schulklasse hatte über 40 Kinder und damals war es nicht üblich, an zwei Sprechtagen jährlich Elterngespräche zum Leistungs- und Sozialverhalten der Schüler durchzuführen. Der Weg zur Volksschule war weit und unsere Mutter war schon froh, wenn in der Schule alles zufriedenstellend lief und sie nicht dort erscheinen musste. Sie wäre mit ihrem Arbeits-Tagwerk auf dem Bauernhof nicht fertig geworden. Trotzdem erschien sie eines Morgens unaufgefordert in der Schule und fragte unsere Handarbeitslehrerin, Fräulein König: „Was müssen denn die schaffen, die eine Eins bekommen?" Vielleicht hatte die „Königin", wie wir sie nannten, nicht die Übersicht über die Leistungen der Schülerinnen, unsere Mutter aber hielt unsere Handarbeiten für hervorragend. Nach diesem Tag, an dem unsere Mutter den Mund aufgemacht hatte, bekamen wir Mädchen fast immer eine Eins in Handarbeiten – auch später auf dem Gymnasium noch, also hatte unsere Mutter wohl zu Recht bei der Lehrerin vorgesprochen.

Unsere Mutter hielt ihren Geist mit Auswendiggelerntem wach. Sie konnte viele Kirchenlieder mit allen Strophen auswendig mitsingen, und in der großen Verwandtschaft war sie dafür bekannt, alle Geburtstage im Kopf zu haben. Bis fast zu ihrem Lebensende hat sie immer an diese Tage gedacht und natürlich entsprechend gratuliert. Wenn wir Kinder sie aber im März fragten: „Mama, was wünschst du dir zum Geburtstag?", dann kam regelmäßig die Antwort: „Liebe Kinder!". Wir fanden das sehr genügsam und anspruchslos. Oder waren „liebe Kinder" vielleicht doch eher das Anspruchsvollste, was sie sich wünschen konnte?

Ein Schreckensruf, der mir bis heute im Ohr geblieben ist, war „Dat Dier!". So wurde immer wieder geschimpft, wenn sonntags mit der Verwandtschaft der Garten begutachtet wurde. Die Frauen schauten auf die Gartenbeete und sahen mit Entsetzen, dass schon wieder die Wühlmaus, „dat Dier", Wurzeln angeknabbert und Pflanzen in die Tiefe gezogen hatte. Und wir Kinder mokierten uns über diese immer wieder kehrenden Ausrufe der Tanten: „Dat Dier!".

Auch bei unserem Vater gab es ähnliches Entsetzen und einen ähnlichen Ausspruch, allerdings noch in einer Steigerung: „Dat Saudier!". Seine Leidenschaft galt dem Wald, dort hatte er viele Bäumchen herangezogen. Wenn er dann bei einem Waldgang sehen musste, dass sich im Winter schon wieder ein Rehbock an der frischen jungen Rinde eines Bäumchens gütlich getan hatte, konnte er nur noch schimpfen: „Dat Saudier!". Das Bäumchen war verloren. Unser Vater war ein sehr sanfter Mann Menschen und Tieren gegenüber. Aber manchmal gab es dann doch Kraftausdrücke. Da konnte er die „Kranatenbu-eshi-et" kriegen („Granatenbosheit") Da konnte man doch „raderdoll" werden! („aus der Haut fahren"). Als Kind habe ich mich dann sehr gewundert, wenn ich hin und wieder ein lautes Reden aus dem Stall hörte. Er schalt irgendeine Kuh aus, weil sie nicht so wollte wie er. Vielleicht hatte sie beim Melken feste mit dem Schwanz geschlagen, vielleicht auch den Schemel umgetreten.

Ich kann mich nicht daran erinnern, dass die Eltern sich jemals gestritten haben, da gab es keine harten Worte. Welch eine glückliche Kindheit für uns drei Töchter! Vielleicht war unser Vater etwas enttäuscht darüber gewesen, dass auch das dritte Kind wieder eine Tochter war, aber er hat es uns nie gezeigt und uns alle gleich liebgehabt. Eine Nachbarin, Frau Engelhard, sagte unserer Mutter bei der Geburt der Jüngsten – und das waren wohl gute Trostworte: „Seien Sie froh, dass Sie nur Töchter haben. Töchter müssen nicht in den Krieg!" Sie selber hatte als Bäuerin ihren ältesten Sohn verloren. Der hoffnungsvolle Hoferbe war mit 18 Jahren als Soldat gefallen. Bei so viel Trauer war die schwere Arbeit auf dem Bauernhof kaum zu bewältigen.

Vor uns Kindern wurde damals nie vom Krieg gesprochen. Dabei hat es auch in unserer Familie große Verluste und viel Leid gegeben. „Anna, es war alles so sehr schlimm und grausam, ich darf dir nichts davon erzählen. Du kannst das nicht aushalten!" Mit diesen Worten kam August, der geliebte Bruder meiner Mutter, aus dem Krieg zurück, wie sie uns später berichtete. Und diesem Ratschlag entsprechend verhielt sie sich auch uns Kindern gegenüber. Der Krieg war kein Thema, und so wurden wir in jungen Jahren von Berichten aus dieser schrecklichen Zeit verschont. Hierin hatte sich unsere Mutter auch dem Vater gegenüber durchsetzen können. Er musste als ältester von vier Brüdern nicht Soldat werden. Gott sei Dank!

Wenn Andere mit Bitten und Wünschen an sie herantraten, hatten die Eltern immer ein offenes Ohr und ein bereitwilliges Herz, und ihre Worte fanden Gehör. So verlieh unser Vater zweimal ohne schriftliche Absicherung eine größere Summe Geld. Um dann wenigstens einen Teil der verliehenen Summe wiederzubekommen, bedurfte es allerdings der schriftlichen Worte eines Fachmannes.

Müll

Als Kleinkinder machten wir erste Schreibübungen auf die Rückseiten von Briefumschlägen, die mit wichtigem Inhalt ins Haus kamen. Kleine Einkaufsnotizen schrieb die Mutter auf das Blankokärtchen, das oben auf dem Päckchen mit den Kaffeebohnen lag. Ein sehr kurzer Einkaufszettel, denn fast alles, was bei uns auf den Tisch kam, wuchs im Garten oder auf dem Feld. Unverpackt kam es in die Küche. Der Gemüseabfall wurde entweder von den Tieren gefressen oder kam auf den Kompost „hinters Mäuerchen". Dort entstand wertvoller Humus daraus. Essensreste, wenn es welche gab, wurden am nächsten oder übernächsten Tag wieder aufgewärmt oder gelangten auf den Katzenteller im Stall. Auch der milchhaltige Papierfilter, der zweimal täglich nach dem Melken übrigblieb, war für die Katzen vorgesehen. Die schleckten mit Vergnügen noch die Milch heraus. Stand einmal eine Dose Fisch bei uns auf dem Tisch, ein Festessen für unseren Vater, stellten wir auch diese für die Katzen in den Stall. Obwohl die Dose nur noch etwas Tomatensoße, Fett oder Gräten enthielt, war auch das ein Festessen für die Tiere.

Die so gereinigte Dose wurde erst einmal auf ihre weitere Verwertungsmöglichkeit geprüft. Sehr oft benutzte der Vater solche Dosen zur Aufbewahrung von Schräubchen oder Nägeln. War die Dose nicht mehr zu verwenden, kam sie zusammen mit anderen, nicht zu gebrauchenden Metallteilen, in den „Schrottkessel", einen kaputten, blau-grauen Einkochkessel, der im Stall stand und zum Sammeln von Altmetall diente. Ab und zu konnten wir Kinder ihn hören: den Schrottkerl, der mit seinem kleinen Wagen und den Ausrufen „Lumpen, Eisen, Papier" durch die Straßen fuhr und das Bisschen einsammelte. Denn viel hatte sich bei uns nicht angesammelt. Fast alles konnten wir wiederverwerten. Einen Mülleimer hatten wir nicht. Einiges flog einfach in den Ofen. Manches brachte der Vater aber auch in den eigenen Wald und verbuddelte es dort. Das war bestimmt nicht gut!

Da gibt es bei uns in der Familie die schöne Geschichte vom beherzten Zupacken bzw. Zuschlagen unserer Mutter. Wir Kinder saßen, zusammen mit unserer Schulfreundin Hannelore, auf der langen Bank mit Blick zur geschlossenen Flurtür. Unsere Mutter bückte sich, um ein Brikettstück zu holen, das sie im Ofen nachlegen wollte, sah sie und schlug zu – tot. Sie hatte eine Maus erschlagen! Weil sie den Anblick schlecht ertragen konnte, hatte sie das tote Tier mit dem Schrubbtuch ergriffen, die Herdplatte geöffnet und die Maus ins Feuer geworfen. Danach erst wurde das Stück Brikett nachgelegt. Wir wissen bis heute nicht, wie die Maus in die Küche gekommen war. Es blieb auch die einzige, die wir je dort gesehen haben.

Einmal, auf dem langen Heimweg von der Volksschule, habe ich ein kleines Stück vom angebissenen Schulbrot über die Hecke geschmissen. Eine Frau, die auf der anderen Seite stand, hat es gesehen und geschimpft. Das war mir eine Lehre. Nie wieder habe ich ein Schulbrot weggeschmissen. Eingepackt haben wir die Brote immer in das Verpackungspapier des geliebten Schwarzbrotes. Das Papier war fest, fast pergamentartig und trug blau auf grau die Aufschrift: „Gute Ware – meine Reklame". Bis ins 92. Lebensjahr hat unsere Mutter sich immer mit diesem Brot beliefern lassen. Damit sich die ganze Sache für den Bäcker lohnte – sie selber hat ja nur noch wenig gegessen – hat sie immer etliche Pfund Schwarzbrot abgenommen und jeder Tochter beim nächsten Besuch in ihrem Hause ein Päckchen geschenkt. Wir haben es immer dankend angenommen und gerne gegessen. Brot wurde bei uns im Elternhaus nicht schimmelig. Es wurde mit Andacht und Dankbarkeit gegessen. Auf unserem hölzernen Brotteller stand ringsherum die Aufschrift „Unser täglich Brot gib uns heute". Und so empfinden auch wir Töchter es noch heute: Wir haben Gott zu danken für unser Essen und für unser Trinken.

Natürlich hatte die Milch bei uns keine eckige Verpackung, die bei jedem Liter wieder neuen Müll darstellt. Unsere Milch kam direkt aus der Quelle, dem Euter der Kuh und in einem Krug auf den Tisch. Wie viel Milch wir am Tag getrunken haben! Für uns Kinder war es das übliche Getränk, Milch mit über drei Prozent Fettgehalt. Wie sehne ich mich danach, noch einmal Dickmilch zu essen, so wie es sie früher bei uns in der Familie gab. Im Sommer ein Schälchen gekühlte Dickmilch mit Zimt und Zucker! Dieser Nachtisch kam auch nicht aus der Kunststoffverpackung, sondern wurde durch leichte Gärung selbst hergestellt. Gut, dass unsere Mutter noch wusste, wie diese begehrte Speise herzustellen war. Bei Wetterumschwung und bei Gewitter jedoch klappte das nicht. Dann verdarb die angesetzte Milch und wir hatten auch keine Grundsubstanz für die Salatsauce. Den Feldsalat gab es selbstverständlich nicht, schön sauber und fast verzehrfertig, in der viereckigen Plastikschale, sondern aus dem Garten. Fielen aus irgendeinem Grunde doch einmal Plastikbahnen oder -tüten an, ging mein Vater sorgsam damit um. Er konnte sie gut gebrauchen, wie fast alles, was in den Augen anderer als „Müll" zusammenkam.

Zur Abhärtung von uns Kindern gehörte natürlich der stetige Aufenthalt an der frischen Luft, egal zu welcher Jahreszeit. Bekamen wir trotzdem mal einen Schnupfen, entstand kein Müll durch den Gebrauch von Papiertaschentüchern. Damals war es für Erwachsene und Kinder üblich, Stofftaschentücher zu verwenden. Bei allen drei Kindern benutzte die Mutter außerdem Stoffwindeln; es gab also auch keine Einwegwindeln, die entsorgt werden mussten. Allerdings bedeutete das sehr viel Arbeit für eine junge Mutter: Jeden Tag musste man Windeln auskochen, trocknen und bügeln. Eine Küchenrolle zum schnellen Wischen gab es ebenso wenig. Man benutzte Lappen, die immer gewaschen werden mussten. Auch die Monatsblutungen wurden anfangs mit Lappen aus alten, zerschnittenen Handtüchern aufgefangen, die ausgewaschen werden mussten. Später gab es Binden, die in kleine Metallösen eines speziellen „Gürtels" eingehängt werden mussten. Tampons kamen erst viel später auf den Markt. Manches heutzutage ist eben doch eine erstrebenswerte Neuerung!

Anderes, was früher gut und üblich war, entdeckt man heute wieder: Die kalte Asche aus dem Ofen, die bei der Verbrennung von Holz und Kohle entstand, haben wir in den Garten auf die Beete geschüttet. Sie ist ein guter Dünger. Da wird auch so mancher Nagel, der im Holz steckte, aus Versehen im Garten gelandet sein. Aber auch das war gut so, denn so wurde der Eisengehalt im Erdreich erhöht.

Nie im Leben hätten die Eltern den Bauernhof so erfolgreich bewirtschaften können, hätten sie sich ständig so viel Neues gekauft wie es heute üblich ist. So aber hat sich der Vater bei jedem Spaziergang nach jedem rostigen oder nicht rostigen Nagel gebückt. Er hatte das sparsame Wirtschaften bei seinen Eltern gelernt, wo zeitweise zehn Kinder durchzufüttern gewesen waren, die natürlich auch Kleidung brauchten. Mein Vater hat immer erzählt, dass er zu seiner Konfirmation gebrauchte Schuhe von seinem Onkel bekommen hat, weil seine Füße so schnell gewachsen waren. Auch wir Mädchen machten in den fünfziger Jahren die Erfahrung, dass Kleidung aufgetragen und gegebenenfalls auch weitergegeben wurde. Bei uns gab es keine unübersichtlich vollen Kleiderschränke, keine Müllsäcke voller aussortierter Kleidung in jedem Jahr. Für Annegret und mich war es ein Spaß, wenn unsere alte Näherin Emmi Homberg zu uns ins Haus kam – ein Ereignis, das nur wenige Male im Jahr stattfand. Nach dem Winter probierten wir die leichte Garderobe vom Vorjahr an. Jetzt wurden an den Seiten Nähte „herausgelassen", Säume verlängert, vielleicht auch Biesen verändert. Das war sehr spannend und interessant für uns. Wir stellten uns auf die lange Bank, so hatte unsere Näherin die Kleidung besser im Blick und musste sich nicht bis zum Boden bücken. Schnell steckte sie für die neue Länge Stecknadeln in den Stoff und wir beiden Mädchen hüpften abwechselnd von der Bank herunter zur Tür. Wie groß wir doch in dem vergangenen Halbjahr geworden waren! Aus der Entfernung begutachtete Fräulein Homberg die Länge, nähte flink mit der Hand oder auch mit der Maschine, und so war das Kleid noch mal für ein Jahr „gerettet". Einen schnellen Neukauf in der neuen Saison gab es nicht. Die Eltern trugen die abgelegte, etwas verschlissene Sonntagskleidung bei der Arbeit auf. Mutter stopfte und flickte, oft waren die Ellenbogen von den Pullovern „durch" oder auch Bündchen schadhaft. Etwas Neues gönnten sie sich nur selten.

V.l.n.r.: Dorothee und Annegret.

Über Haus und Hof hinaus

Schule

Zwei Mädchen, erwartungsfroh und neugierig nach vorne blickend, mit langen Zöpfen und den Tornistern auf dem Rücken. Dieses Bild in der Zeitung, die auf der Anrichte des Küchenschrankes vor dem Brotfach aufgestellt war, schauten wir uns immer und immer wieder an. So würden wir beide auch bald aussehen. Meine Schwester Annegret und ich konnten den Schulanfang kaum erwarten.

Doch dann kam alles anders. Wir verpassten unseren ersten Schultag. Die schönen Schultüten, grün-silbern glitzernd mit einem Märchenbild auf der Vorderseite, trugen wir nicht zur Schule. Irgendwo hatten wir uns angesteckt und, äußerst unpassend, zur Osterzeit Masern bekommen. Das bedeutete das Aus für den ersten Schultag! So heiß hatten wir den Tag herbeigesehnt, und nun hatten wir ihn verpasst! Unsere Mutter, die sehr daran interessiert war, dass wir beiden Mädchen den Lernstoff der ersten Wochen mitbekämen, holte sich bei einer Nachbarfamilie die Hausaufgaben und lernte mit uns zu Hause. Irgendwann, als unser Hausarzt Onkel Ernst seine Einwilligung gab, ging es dann endlich mit unserer Mutter auf den weiten Weg in die Evangelische Volksschule Echoer Straße. Die nahegelegene Schule „Holthauser Straße", die unser Vater und seine Geschwister besucht hatten, war im Krieg abgebrannt, und so mussten wir uns von der Luhnsfelder Höhe 76 aus auf einen etwa 30 bis 40 Minuten langen Schulweg machen. Nur am ersten Tag ging unsere Mutter mit, dann mussten wir das alleine schaffen. Die Volksschule „Echoer Straße" bestand seit 1888, zunächst nur zweiklassig, ab 1955 achtklassig mit mehr als 600 Schülern (wie in der Chronik zur 100-Jahr-Feier nachzulesen ist). 1717 wurde in Preußen der Besuch der Volksschule zur Pflicht.

Zum Glück waren 1958 die Tornister nicht so schwer wie heutzutage. Eine Schiefertafel mit angehängtem Tafellappen und Schwamm, ein Griffelkasten mit Stiften und eine Rechenfibel reichten fürs Erste. Stolz trugen wir den braunen Ledertornister, ernst und abwartend gingen wir dann in den vollen Klassenraum mit den unbekannten Kindern. Unser Lehrer, Herr Quint, wies uns an verschiedenen Gruppentischen jeweils einen Platz zu. 42 Kinder waren wir in der ersten Klasse. Zunächst übten wir einzelne Buchstaben, schrieben mehrere Reihen kleines „i", dann kleines „a", alles in Schreibschrift. Uns hat das Spaß gemacht und wir haben uns große Mühe gegeben. Für die Rechenfibel mit den bunten Bildern gab es eine dicke Folie, die aufgelegt wurde. Mit bunten Wachsstiften konnten wir dann auf der Folie Striche ziehen zwischen Garderobenhaken und Mützen, um herauszubekommen: „Hat jede Mütze einen Haken"? Wir malten und schrieben Zahlen, rechneten auch die ersten leichten Gleichungen. Es gefiel uns sehr, dass jede von uns Schwestern ein eigenes Rechenbuch hatte. Außerdem rochen die Stifte so wunderbar, dass es ein Spaß war, die Hausaufgaben zu machen. Schade war allerdings, dass nach der Kontrolle durch den Lehrer, sowohl die schönen Buchstabenreihen auf der Tafel, als auch die Rechnungen auf der Folie weggewischt werden mussten. Unser Lehrer sang viel mit der Klasse. Auch der Schulvormittag begann mit einem Lied. Schreiben und Lesen lernten wir schnell und gut, hatten wir doch vor Schuleintritt auch zu Hause schon die Anfangs-Buchstaben von vielen Wörtern erfragt und auf altem Papier oder gebrauchten Briefumschlägen aufgeschrieben. Die Geschichten aus der Lese-Fibel mochten wir sehr, und bei den Erzählungen aus der Bibel konnten wir unsere Kenntnisse von zu Hause anbringen. Einmal wurde im Religionsunterricht erörtert, dass sehr viele Tiere auf vier Beinen gehen, manche über den Boden kriechen, die Menschen aber aufrecht gehen, warum wohl? Meine Antwort war: „Damit sie besser zum Himmel gucken können und mehr an Gott denken". Diese Antwort gefiel dem Lehrer. Schön war es, nach Anleitung Bilder zu malen, zunächst mit Bunt- oder Wachsstiften. Einmal wurde die Klasse von älteren Mädchen beaufsichtigt. Angeregt durch eine Erzählung aus einem Kinderbuch, wollte ich ein Klavier malen und erbat Hilfe. Aber das große Mädchen war ratlos und ich enttäuscht und ernüchtert. Waren die Großen uns doch nicht so weit voraus? Zu Weihnachten bastelten wir lange Girlanden aus Bunt- und Goldpapier. Später war es etwas ganz Besonderes, einen eigenen Kasten mit Deckfarben oder ein eigenes Mäppchen mit Stiften und Füllfederhalter zu besitzen. Die Tinte musste aus einem Tintenfass aufgesogen werden. Der Geruch war unvergleichlich, ich mochte ihn. Mein Mäppchen war aus hellgrauem Leder und besaß innen ein kleines Geldfach, sodass ich immer das Kakao-Geld für meine Schwester und mich zu Hause einstecken und in der Schule bezahlen durfte.

Wir gingen gerne in die Schule, wir lernten leicht und waren neugierig auf alles, was in der Schule angeboten wurde. Das Lesebuch enthielt viele schöne Gedichte und interessante Geschichten. Für das 3. und 4. Schuljahr gab es einen Doppelband „Das bunte Segel" aus dem Bagel-Verlag zum Preis von 4,60 DM, für uns eine Prachtsammlung auf 240 Seiten, unterteilt in „Die heimatliche Welt", „Das bunte Jahr", „Vom fröhlichen Leben", „Tischlein, deck dich" und „Fahrt durchs Land". Der Band enthielt viele Sagen und Legenden, die man heutzutage in dieser Fülle leider nicht mehr in den Lesebüchern findet, lange und anspruchsvolle Texte, die oft im Zusammenhang mit dem Heimatkunde-Unterricht standen. „Wie das Siebengebirge entstand", „Der Binger Mäuseturm" oder „Der Zwerg an der Wupper" sind nur wenige Beispiele. Die Geschichten von Till Eulenspiegel und Rübezahl führten uns in die Welt der Fantasie und Überlieferung. Durch die Bauernregeln und Lebensweisheiten sowie Abbildungen von Holzschnitten aus dem Mittelalter wurde das Buch noch abwechslungsreicher. Vier einseitige, zum Teil farbige Bilder machten das Lesebuch besonders wertvoll. Darunter war auch ein schönes Bild von Christi Geburt, entstanden um 1350, und „Die roten Pferde", ein Werk des modernen Künstlers Franz Marc. Damals lernten wir noch viele Gedichte auswendig, so zum Beispiel "Frühlingsbotschaft" von Hermann Löns oder auch alle acht langen Strophen des Gedichtes „Die Heinzelmännchen zu Köln" von August Kopisch. Erschienen war das Buch im Jahr 1954, es gab darin keine Geschichten, die sich auf den 1. oder 2. Weltkrieg bezogen. Dieses schwierige Thema wurde bei uns zu Hause und auch in diesem Lesebuch verschwiegen.

Neben dem Lesebuch wurde im Deutschunterricht noch ein Sprachlehrbuch eingesetzt, also ein Werk mit vielen Übungen zur Grammatik. Hier lernten wir, Sätze nach Muster aufzustellen oder auch die einzelnen Wortarten zu unterscheiden. Früher hieß es „Hauptwörter" und nicht „Namenwörter" oder „Nomen" und „Tuwörter" und nicht „Verben". Geübt wurde in sehr vielen Beispielen, sehr oft bekamen wir Hausaufgaben aus diesem Sprachbuch auf.

Zu Hause achtete unsere Mutter darauf, dass wir beiden Mädchen selbständig unsere Aufgaben machten und nicht voneinander abschrieben. Gearbeitet haben wir natürlich in der Küche am langen Tisch. „Multitasking haben wir dabei gelernt, denn Mama war nicht immer leise bei der Küchenarbeit", erzählt Marlies heute ohne Bedauern. Keiner aus ähnlichen Kreisen wird zur damaligen Zeit ein Kinderzimmer mit eigenem Schreibtisch gehabt haben, und nicht alle Kinder hatten Eltern, die sie so gut begleiteten, wie unsere es taten. Im Zeugnisheft hieß es in einem Aufruf an die Eltern: „Sorgt für regelmäßigen Schulbesuch Eurer Kinder und wacht darüber, dass sie ihre häuslichen Arbeiten gewissenhaft anfertigen. Fällt niemals in Gegenwart der Kinder über die Schule Urteile, die das Ansehen der Lehrkräfte herabsetzen können."

Unsere Eltern haben selber gerne und gut gelernt und nahmen die Schule wichtig. Unser Vater besuchte als Kind die Volksschule an der Holthauser Straße. Der 1.Weltkrieg fiel in diese Zeit. Nicht alle Lehrer waren qualifiziert, oft fiel die Schule aus, und Fritz konnte keine vollen acht Jahre die Schule besuchen. Aber viel später, im Jahr 1925, hieß es in seinem Abschlusszeugnis der Landwirtschaftsschule zu Lennep: „Kotthaus wurde in Anbetracht seines während der Schulzeit an den Tag gelegten Fleißes und guten Betragens eine Prämie der Landwirtschaftskammer zuerkannt." Seine Aufsätze bewiesen, wie gut er über alles nachdachte. Beobachtungen und Meinungen konnte er geschickt versprachlichen, und auch seine Schrift war über Seiten hinweg ausgewogen und sauber. Aber auch unsere Mutter konnte gut lernen. Sie besuchte ganz in der Nähe ihres Elternhauses auf Spieckern die einzügige Volksschule auf „Walbrecken". Oftmals erzählte sie von dem strengen Lehrer Jacobs, der im Eilschritt alle Kinder zur Barmer Talsperre laufen ließ und sofort wieder ohne Pause zurückführte. Die Kinder von der Schule Walbrecken lernten so viele Kirchenlieder auswendig, dass sie später im Konfirmandenunterricht die „Vorzeigegruppe" waren. Allein 98 Mädchen wurden im Jahr 1934 in Lüttringhausen konfirmiert. Dazu kamen noch die Jungen. Unsere Eltern nahmen das Lernen ihrer Töchter ernst. Davon haben wir stets profitiert. Obwohl sie ja so viel Arbeit auf dem Bauernhof hatten, bekamen wir Kinder immer genügend Zeit für unsere schulischen Aufgaben.

Einmal, meine Schwester war krank und konnte die Schule nicht besuchen, bekamen meine Eltern mehrere für mich unleserliche Zeilen im Schreibheft zu lesen. Ich hatte mir die Hausaufgaben nicht gemerkt und war ohne Aufgaben in die Schule gekommen. Ob sich meine Schwester Annegret immer die Hausaufgaben merken und mich daran erinnern würde, stand im Heft. Diese Bemerkung enthielt wohl ein Körnchen Wahrheit, denn oft verließ ich mich auf meine Schwester.

Unsere Mutter kontrollierte regelmäßig die Hausaufgaben und lernte mit uns Gedichte auswendig. Mussten wir allerdings einen Fantasie-Aufsatz schreiben, konnte sie es gut akzeptieren, dass wir uns damit schwertaten. Fantasie war nah an der Lüge und die Lüge war eine Sünde, so ihre Meinung. Gerne zeigte uns unsere Mutter ihre Sammelmappe mit den von ihr gemalten Bildern. Diese Bilder hatte sie herübergerettet aus der Zeit ihres eigenen Schulbesuchs auf Walbrecken. Damals, in der einzügigen Dorfschule, wurden die Kinder dazu angehalten, Gegenstände oder vorgegebene Bilder abzumalen. Keine Fantasie erwünscht! Auch hier nicht. Mir gefielen die mit bunten Wachsstiften oder Kreiden gemalten Bilder so gut, dass ich zwei davon lange Zeit eingerahmt an der Wand hängen gehabt habe. Das Malpapier damals war grau und hart.

Im zweiten Schuljahr bekamen wir im zweiten Halbjahr als zusätzliches Fach Heimatkunde dazu, genauer gesagt „Heimatkundlicher Anschauungs-Unterricht". Unser Lehrer war recht jung, und er schaffte es, einen abwechslungsreichen Unterricht durchzuführen und unser Interesse zu wecken. Gruppenarbeit, Partnerarbeit und „Selbstlernkärtchen" gab es bei ihm damals schon. An bekannte Themen wie Jahreszeiten, Pflanzen der Heimat oder Tiere im Wald wurde angeknüpft und Neues kam hinzu, Berufsschwerpunkte in den umliegenden Städten wurden erörtert, so die Bandwirkerei in Ronsdorf, die Hammerwerke im Gelpetal des Bergischen Landes, das Messerschmieden in Solingen, die Kalkbrennerei in Wülfrath und Dornap oder die Gewinnung und Verarbeitung von Eisenerz im Siegerland. Ein Schwerpunkt-Thema im vierten Schuljahr war das Ruhrgebiet mit seinen Steinkohlevorkommen und dem Bergbau. Daneben gab es erdkundliche Themen. Wir lernten den großen Fluss Rhein mit seinen Nebenflüssen kennen. In Tests konnten wir Nordrhein-Westfalen in seinen Grenzen mit wichtigen Städten auswendig zeichnen, ebenso den Rhein mit seinen Nebenflüssen. Im vierten Schuljahr erstellten wir in Gruppenarbeit ein eigenes Quartettspiel mit schönen Bildern und kleinen Texten zu heimatkundlichen Themen. Mit der ganzen Klasse unternahmen wir viele Ausflüge in die nähere Heimat, manchmal waren auch die Mütter dazu eingeladen. Wir Bauernmädchen entdeckten die große weite Welt: den Zoo Wuppertal, das Neandertal mit dem Museum, den Flughafen Lohhausen in Düsseldorf und das Bergbau-Museum in Bochum. Natürlich stellten wir uns für so große Ausflüge immer brav zu zweit auf. Aber auch am Anfang des Schultages sowie vor und nach der Pause bildeten wir Zweierreihen. Der Schulhof war asphaltiert und nach allen Seiten begrenzt, zur Echoer Straße hin mit einer Mauer. Er hatte Platz genug für alle acht Klassen der Volksschule. Wir Kinder spielten Nachlaufen und Hüpfekästchen, manchmal gingen wir Mädchen auch einfach nur untergehakt über den Schulhof. Bei den Mädchen ging es fast immer ohne Streit ab. Etliche Jungs aus der Klasse bekamen jedoch schon mal eine Bestrafung durch den Lehrer: Er stieß sie dann mit den Köpfen zusammen oder gab ihnen

„etwas hinten drauf". Das war damals nicht unüblich, ebenso die Kontrolle von sauberen Fingernägeln und Taschentüchern zu Beginn des Unterrichts. Vor dieser Kontrolle wurde allerdings jeden Morgen noch im Stehen nach der Begrüßung ein Lied gesungen. Hatte jemand aus der Klasse Geburtstag, wurde er nach vorne gerufen, durfte sich ein Lied aussuchen, sich auf den Stuhl stellen und dirigieren. Die allerschönsten Momente im Schulalltag sind in meiner Erinnerung mit dem gleichmäßigen Surren des Filmvorführgerätes verbunden. Wenn die ganze Klasse die Treppen in die Aula hochgehen, in den Stuhlreihen gesittet Platz nehmen und sich entspannen durfte, starrten wir gebannt nach vorne und warteten auf das erste Zeichen der Film-Gesellschaft, „FWU", welches uns eine wundervolle Zeit ankündigte. Keiner von uns kannte damals Fernsehen und die wenigsten einen Kinofilm, und so konnten wir einen Schul-Lehrfilm als etwas ganz Besonderes genießen. „Der Maulwurf zieht seine neuen Hosen an", so oder ähnlich hieß einer der Filme mit Trickfilm-Figuren. Auch ein Naturfilm über Eichhörnchen war dabei, sowie Filme und Dias über den Bergbau im Ruhrgebiet. Einmal brachten auch Kinder aus der Klasse Dias aus dem eigenen Urlaub mit, hier sah ich dann zum ersten Mal im Leben das „Matterhorn". Urlaub war uns unbekannt, die Bergwelt auch.

In der Winterzeit durften wir trockene Socken mit in die Schule nehmen und die nassen auf der Heizung trocknen. Der Weg war oft recht mühsam und unsere Mutter war immer froh, wenn wir zu zweit oder zu dritt unterwegs waren. Um uns die Zeit auf unserem langen Schulweg zu vertreiben, dachten wir uns immer viele Geschichten oder auch kleine Spiele aus. Steinchen, die wir vor uns her traten, waren unsere Hunde. Am schönsten war die Vorstellung, der Bürgersteig wäre ein Fließband, und wir kämen ganz ohne Mühe nach Hause.

Zum Glück begleitete und förderte uns der Lehrer Quint volle vier Jahre lang. Als Überlegungen anstanden: Wie geht es denn nach dem 4. Schuljahr weiter, empfahl er unseren Eltern, uns zwei Mädchen zum Gymnasium zu schicken. Ein zunächst fremder Gedanke für uns alle, besuchte doch keiner aus der ganzen Bauernverwandtschaft ein Gymnasium. Das ist doch was für „bessere Leute", hieß es bei den Tanten. „Anna, dann musst du die Blagen auch anders „antrekken" (anziehen), warnten sie. „So geht es heutzutage nicht mehr", stellte unsere Mutter klar, und nachdem auch die Lehrerin Adele Quentmeier, eine Cousine unseres Vaters Fritz, sich auf einem langen Spaziergang dafür aussprach, wurden wir beiden Schwestern auf der „Zweiganstalt des Gymnasiums Siegesstraße in Barmen" angemeldet. Vier Jahre lang konnten wir in Ronsdorf in der Scheidtstraße das Gymnasium besuchen, lernten Englisch, Latein, Physik, Geographie und die „höhere Mathematik". So manches Mal studierte unser Vater abends unsere Schulbücher und hätte gerne mehr Zeit dafür gehabt. Aber irgendwann war er so müde, dass ihm die Augen zufielen. Morgens früh um kurz nach fünf würde ihn der Wecker wieder an das Kühemelken erinnern.

Es war – glaube ich – im ersten Jahr des Gymnasiumbesuchs, dass wir Großen Klavierunterricht nehmen durften. Zum Weihnachtsfest davor hatten die Eltern die für uns Kinder unvorstellbar große Ausgabe getätigt, ein gebrauchtes Klavier der Schwelmer Firma Faust zu kaufen. Damals zogen wir beiden Mädchen alle 14 Tage gemeinsam in ein sehr schmales Haus in die Breite Straße, um dort nacheinander Klavierunterricht zu nehmen. Eine von uns hatte immer brav zuzuhören, während die andere „dran" war. Aber das klappte gut. Als der erste Lehrer verstarb, bekamen wir bei einem Sangesbruder unseres Vaters in der Staubenthaler

Straße Unterricht und gingen abwechselnd alle 14 Tage alleine zur Klavierstunde. Flötespielen hatten wir schon in den ersten Jahren unserer Volksschulzeit gelernt. Zunächst hieß es, die Frau eines Lehrers würde im Schulgebäude Flötenunterricht geben. Aber als das nicht bewilligt wurde, mussten wir uns etwas anderes einfallen lassen, denn die Flöten waren schon angeschafft worden, und Musik war auch den Eltern wichtig. Ein paar Mal zeigten uns die großen Cousinen von Marscheid, Marlene und Lieselotte, die ersten Griffe, und zusammen spielten wir einfache Lieder.

Einmal musste ich im Latein-Unterricht zu einer Notlüge greifen. Auf das „Marterstühlchen" unseres Lateinlehrers Herrn Barner musste jeder mal. Da wurden zunächst zehn Vokabeln abgefragt und das klappte immer ganz gut. Mama hatte mit uns gelernt: locus – Ort, Stelle, Platz. Aber später dann, in der Untertertia, stand eine Übersetzung an. Wie üblich, hatte Herr Barner den lateinischen Text (aus „bello gallico") an die Tafel geschrieben. Die ganze Tafel war mit engen Zeilen vollgekritzelt. Ich saß schon in der ersten Reihe, direkt vor der Tafel, und bemühte mich. Mit der Übersetzung hatte ich grundsätzlich nicht so viel Probleme, es war etwas Anderes, was mir Probleme bereitete. Und so ging ich zu unserem Lehrer hin und gab an, dass es mir sehr schlecht gehe. Er dachte wohl an Unpässlichkeiten bei der Menstruation, fragte als Mann nicht weiter nach und ließ mich nach Hause gehen. Aber es waren nicht die Blutungen, die eingesetzt hatten, sondern vielmehr die Sehkraft, die stark nachgelassen hatte. Meine Augen hatten sich so verschlechtert, dass ich selbst mit Augenblinzeln den handschriftlichen Text an der Tafel nicht mehr lesen konnte. Was hätte ich machen sollen? Die Entschuldigung: „Ich kann nichts sehen", wäre wohl nicht glaubhaft gewesen.

Nach dem vierjährigen Besuch der „Zweiganstalt" in Ronsdorf mussten wir uns entschließen, das Mädchengymnasium am Kothen in Wuppertal-Barmen zu besuchen. Damals war das Gymnasium Siegesstraße noch nicht koedukativ. Jetzt, ab der Obertertia (9. Klasse), mussten wir um 6:15 Uhr aufstehen und nach dem Frühstück fast 30 Minuten bis zur Haltestelle Parkstraße laufen, um von dort mit dem Bus bis nach Barmen zur Schluchtstraße zu fahren. Mittags waren wir oft erst gegen 14:30 Uhr oder noch später zu Hause. Da hatten die Eltern auf dem Bauernhof schon viel gearbeitet. Wie sehr mussten sie sich einsetzen, um uns drei Mädchen den Besuch der „höheren Schule" zu ermöglichen. Unsere Mithilfe auf dem elterlichen Hof war bei weitem nicht so intensiv wie bei den Cousinen, die auf der Volksschule geblieben waren.

Angefangen hat unsere Schulzeit in der Volksschule Echo, „heiß gemacht" durch das Foto von den beiden Schulmädchen in dem Sonntagsblatt „Der Weg". Viele Jahre später, in der Gymnasialzeit, kamen Annegret und ich mit unseren Klassenkameradinnen selbst in die Zeitung „Der Weg". Es war ein Foto von unserer Klassenfahrt zum Kirchentag in Hannover mit unserer Religionslehrerin Leni Immer.

Kirche

Tägliches Gebet, Bitten und Danken am Tisch vor und nach den Mahlzeiten waren in unserer Familie eine gute Gewohnheit und ein bewusstes Innehalten und Gespräch mit Gott. Vor jeder Mahlzeit falteten wir die Hände, und unser Vater Fritz sprach ein Gebet, oft lautete dies: „Segne Vater diese Speise uns zur Kraft und dir zum Preise". Morgens hörten wir während des Essens die Morgenandacht im Radio. Nach der Mahlzeit sprach der Vater ein Dankgebet, meist: „Danket dem Herrn, denn er ist freundlich und seine Güte währet ewiglich und seine Wahrheit für und für." Aus dem dünnen Heftchen trug die Mutter dann die „Losung der Herrnhuter Brüdergemeine" vor, zwei kurze Bibelstellen und ein Lied. Als wir kleine Kinder waren, las Mama uns regelmäßig aus der bebilderten Kinderbibel von Anne de Vries vor. Die Formulierungen „der liebe Heiland" und „der Herr Jesus" waren uns sehr vertraut. Uns Kindern gaben die Geschichten aus der Bibel ein Gefühl von Geborgenheit, Trost und Zuversicht. Wir spürten, dass unsere Eltern in Verbindung zu Gott standen, an den sie in guten und schlechten Tagen glaubten; Gott, der ihnen Richtung und Wegweisung gab. Jeden Abend sang unsere Mutter uns vor: „Breit aus die Flügel beide, oh Jesu, meine Freude und nimm dein Küchlein ein. Will Satan mich verschlingen, so lass die Englein singen: Dies Kind soll unverletzet sein!" Sehr oft sang sie auch das Lied „Weil ich Jesu Schäflein bin". Nicht alles aus den Liedern verstanden wir, aber auch durch die jeden Abend ruhig vorgetragene Melodie gewannen wir die Zuversicht: Jesus hat uns lieb, wir sind beschützt. Zusammen mit der Mutter sprachen wir nach dem Singen noch das Kindergebet „Ich bin klein, mein Herz mach' rein, soll niemand drin wohnen als Jesus allein". So schliefen wir Kinder ruhig ein.

Schon von klein auf besuchten die Eltern mit uns Kindern den Gottesdienst in der Lutherkirche. Im Geburtsjahr unseres Vaters, 1905, war die Einwohnerzahl Ronsdorfs auf 14000 angestiegen. Davon gehörten 11000 den beiden evangelischen Gemeinden an, nur 2000 Ronsdorfer waren katholisch. Die evangelische Kirche war 1793 eingeweiht worden, 40 Stufen führten vom Marktplatz aus zum Gotteshaus. Im Krieg, am 30. Mai 1943, wurde die Kirche bis auf die Grundmauern zerstört. Nach dem Krieg wurde sie zwar wiederaufgebaut, aber ohne „richtigen Kirchturm". Wir wuchsen in diese Art, den Sonntag zu begehen und uns unter den Schutz Gottes zu stellen, hinein. Brav saßen wir in der Kirchenbank neben den Eltern und versuchten schon bald, Lieder mitzusingen und Gebete mitzusprechen. Wir Kinder merkten, die Arbeitswoche hatte hier ihr Ende, es gab einen Tag, der war besonders. Der Alltag mit Arbeitskleidung und Arbeit von morgens bis abends, mit Mühen und Sorgen lag zurück. Jetzt war Sonntag, und der hatte den Auftrag: „Du sollst den Feiertag heiligen!" Jetzt war Sonntag mit Sonntagskleidung, mit Lob und Dank in der Kirche und mit Ausruhen zwischen Kühemelken am Morgen und Kühemelken am Abend. Denn das gab es natürlich auch sonntags: Tiere füttern und Kühe melken. Die Zeit dazwischen war eine besondere, ein Geschenk für unsere Eltern, die in der Woche so hart arbeiteten. Natürlich gingen wir nicht jeden Sonntag zur Kirche, denn allein der lange Weg dahin war für unsere kurzen Beine schon eine Anstrengung. Auch die Mutter, die zwar das Mittagessen schon samstags weitgehend vorbereitet hatte, musste noch genug Arbeit in der Küche verrichten. Und wenn sich für den Nachmittag Verwandtenbesuch angesagt hatte, musste sie dem Gottesdienst fernbleiben. Aber beim Tortengussanrühren für die Obsttorte konnte man dann den Gottesdienst im Radio miterleben und auch die Lieder mitsingen. Das Vaterunser sprach sie mit gefalteten Händen laut mit.

Bald fragten größere Mädchen von Holthausen, ob sie uns Kinder, Annegret und mich, zum Kindergottesdienst mitnehmen dürften. Unsere Mutter überlegte lange, ob sie den Nachbarmädchen ihre Kleinen anvertrauen dürfte, aber dann gingen wir regelmäßig mit zum Kindergottesdienst, der lange Jahre um 11 Uhr nach dem Erwachsenen-Gottesdienst stattfand. Damals gab es noch kein Gemeindezentrum, und so musste Frau Wiesemann, unsere Leiterin, ihre Gruppe oben in der Kirche, in der Nähe der Orgel, unterweisen. Ausflüge vom Kindergottesdienst zur Sommerzeit waren für die Mutter und uns Kinder ein großes Erlebnis. Sie führten in einer sehr großen Gruppe von Kindern und Erwachsenen, zu Fuß oder mit der Bahn, von Ronsdorf nach Lüttringhausen ins große Gemeindehaus. Lange Tische waren zum Kaffeetrinken und Kuchenessen eingedeckt. Natürlich wurden auch dort einige Kirchenlieder gesungen und vor der Mahlzeit gebetet. Aber wir wussten: Gleich gibt es fröhliche Darbietungen auf der großen Bühne und lustige Spiele. Wir waren auf jeden Fall mehr als hundert Personen.

Besondere Erinnerungen habe ich auch an die großen Feste wie Ostern und Weihnachten, die immer mit Gottesdienst-Besuchen in der vollen Kirche verbunden waren. Oft saßen wir oben auf der Empore, von hier aus hatten wir einen noch besseren Überblick. „Das Jesuskind ist geboren im Stall von Bethlehem", diese Botschaft sahen und hörten wir hier und auch zu Hause. Die Advents- und Weihnachtszeit war in der Gemeinde und auch zu Hause eine Zeit voller Erwartungen und sinnlicher Eindrücke. Für die Fest-Gottesdienste mussten die Notsitze aus den Bänken gezogen werden, so groß war der Andrang in der Lutherkirche. Der übergroße Christbaum der Kirche mit Schmuck und Lichtern war prächtig anzusehen und zeigte uns etwas von dem Glanz Gottes. Der Blick auf die Anzeigentafeln der Lieder zeigte mir aber auch noch etwas: Meine Augen waren nicht so gut wie die der Anderen und sehr schnell brauchte ich schon wieder eine neue Brille. Bei Darbietungen des Männerchores konnte ich jedoch unseren Vater immer gut erkennen. Als zweiter Bass stand er immer rechts hinten, seine stattliche Erscheinung überragte alle Anderen. Zur Ehre Gottes mit seinen Sangeskollegen zu singen, war ihm ein wichtiger Auftrag und eine Freude. Sehr schön war auch das

„Quempas-Singen" zu Weihnachten. Vier kleine Chorgruppen standen in den vier Ecken des Kirchenschiffes und luden die Gottesdienst-Besucher zum Mitsingen ein. Das Lied „Den die Hirten lobeten sehre" erklang wie ein Fragen und Antworten, und wir hatten das Gefühl mittendrin zu sein im Geschehen der Heiligen Nacht, auf dem Weg zur Krippe.

Als wir groß genug waren, zogen wir am Ostersonntag oft mit der ganzen Familie zu Fuß zum Friedhof in der Lüttringhauser Straße, eine Wegstrecke von mehr als einer halben Stunde. Dort, in der engen Friedhofskapelle, feierten Lutheraner und Reformierte frühmorgens um 8 Uhr gemeinsam einen Oster-Gottesdienst. Hier, zwischen den Gräbern unserer Vorfahren, klang die Oster-Botschaft eindringlich und in dem Kontrast von Tod und Leben auf eine Art und Weise, die nicht nur uns Kindern unter die Haut ging. „Jesus ist auferstanden. Er ist wahrhaftig auferstanden!" so klang die hoffnungsgebende Botschaft in Lied und Gebet. Hierin und auch in der Zusage Gottes, dass er uns Menschen liebt, unsere Sünden wegnimmt und uns helfend und begleitend zur Seite steht, hatten wir unser Fundament im Glauben.

Als Bauernfamilie war uns das Erntedankfest in der Kirche ein besonderes Bedürfnis, denn wir hatten Land in Gottes schöner Natur erhalten mit dem Auftrag, es fruchtbar zu machen. Mit Gottes Hilfe und mit unserer Hände Arbeit trugen wir dazu bei, dass wir und Andere satt werden konnten. Unsere Eltern lebten mit dem Kreislauf der Natur. Und wir wussten, es ist nicht selbstverständlich, es steht nicht in unserer Macht, dass wir eine gute Ernte haben. Mit Erleichterung, ein wenig Stolz, auf jeden Fall mit Dankbarkeit, schauten wir auf das, was wir im Herbst geerntet hatten und waren froh, wenn es eine reichliche Ernte war. Wie schön war der Altarbereich in der Kirche geschmückt! Körbe voll mit

Kartoffeln, Möhren, Lauch und Zwiebeln, mit grünen Strauchbohnen, die im Bergischen Land gut gedeihen, mit rot glänzenden Äpfeln und saftigen Birnen, davor Rotkohl und Weißkohl, weiß leuchtender Blumenkohl, frischer Kopfsalat, Rote Beete, grüne und blaue Weintrauben auf Tellern, dicke Pflaumen und dunkle, schlanke Zwetschgen, Haselnüsse und Walnüsse. Große, stolz aufgerichtete Garben der bekannten Getreidesorten: Roggen, Weizen, Hafer und Gerste. Davor, auf dem Boden liegend, große Runkelrüben, die man heutzutage kaum noch auf den Feldern findet. Dankbar sangen wir in der vollen Kirche mit und wussten, wovon wir sangen: „Wir pflügen und wir streuen den Samen auf das Land, doch Wachstum und Gedeihen steht in des Herren Hand".

Und am Neujahrstag, wenn das Kalenderjahr wieder von vorn begann, ging der Altbauer „segnend", mit Bittgebeten durch das ganze Wohnhaus, durch Stall, Scheune und Geräteschuppen – so hat es meine Mutter von ihrem Vater auf Spieckern erzählt. Von Gottes Segen hängt unser Tun und Lassen, unsere Arbeit auf dem Bauernhof ab, so wussten es unsere Eltern.

Die Lutherkirche in Ronsdorf um 1940.

Nachbarschaft

„Wo der Handschlag noch gilt", so hieß ein Stück der Heimatspielbühne in Lüttringhausen. Verlässliche Nachbarschaft wurde in lebendigen Szenen vorgespielt; ein gutes Miteinander, wie es das im Bergischen Land gab und gibt. Man konnte sich in Freud und in Leid aufeinander verlassen.

Eines Nachts, ich war bereits erwachsen, wurden wir durch laute Geräusche geweckt. Beim Blick aus dem Fenster stellten wir mit Entsetzen fest, dass die Scheune der Familie Engelhard brannte. Die Feuerwehr war bereits alarmiert und kam mit Sirenengeheul angefahren. Für meine Eltern war es selbstverständlich, den Nachbarn unsere Hilfe anzubieten. Unsere Scheunen waren weitgehend leer, da unsere Eltern die Landwirtschaft zu diesem Zeitpunkt bereits aufgegeben hatten. Also wurde das Heu umgelagert. Zum „Anpacken" hatte Bauer Engelhard viele junge Helfer von seinem Pferdebauernhof mitgebracht. „Die müssen jetzt etwas zu essen bekommen, die müssen sich stärken", meinte unsere Mutter nach der Hilfsaktion. Und so versammelte sie alle um den großen Küchentisch und bediente sie mit Kaffee, Brot und Kuchen. Unsere Eltern Fritz und Anna waren froh, dass sie helfen konnten. „Jeder kann schnell mal in Not kommen", wussten sie. „Einer hilft dem Anderen". Und so war es auch viele Jahre später, als unsere Mutter nach dem Tod unseres Vaters allein im alten Haus wohnte. Wir drei Töchter wohnten weiter weg, und da war es mein erster Mann, der im Nachbarhaus wohnte, der telefonisch schnell erreichbar war und oft zur Mutter hinüberging und half, der zur Apotheke fuhr und etwas besorgte.

In unseren Kindertagen war es etwas schwieriger mit der telefonischen Übermittlung. Da wir in der Familie

kein Telefon hatten, war es unser Nachbar, der Gast-
wirt Robert Koch, der wichtige Anrufe von unseren
Verwandten entgegennahm. Während seiner Arbeit
kam er dann schnell herübergelaufen und rief Mutter oder Vater ans Telefon. Im Gegenzug übernahm
Mama später in der Urlaubszeit die Blumenpflege in
der Gaststätte.

Wenn man heute über Holthausen geht, stellt man
fest, dass die meisten Häuser nach dem Krieg erbaut
worden sind. Sehr viele Gebäude, die heute hier stehen, gab es in meiner Kindheit noch nicht. Die Häuser
gegenüber vom Pfarrhaus stehen auf unserer ehemaligen „Sonntagswiese", unserer besten Kuhweide. Papa
hat damals viel Land billig verkauft, um Maschinen
zur Modernisierung anschaffen zu können. Auch die
Flächen mit den kleinen Siedlungshäusern weiter hinten links, „Am Sonnenblick" heißt es heute, gehörten zu
unserem großen Bauernhof. Nach dem Krieg herrschte große Wohnungsnot. So verkaufte unser Vater Mitte
der fünfziger Jahre an Vertriebene aus dem Osten drei
große Baugrundstücke. Die Flüchtlinge hatten die Auflage, als Selbstversorger zu wirtschaften. Im großen,
abschüssigen Garten zogen sie Gemüse und Kartoffeln
heran und pflanzten Obstbäume und Beerensträucher.
In den kleinen Stallungen hielten sie ein Schwein oder
auch zwei. Hinzu kamen Kaninchen, Gänse, Enten
und Hühner. Als Mitte Dezember 1956 das zweite Haus
bezogen wurde, hatte die Familie keine Haustüre und
zunächst auch noch kein fließendes Wasser. Das musste die zehnjährige Tochter Helga für die ganze Familie
vom benachbarten Bauernhof holen. Heute wäre das
undenkbar.

„Hinten im Hof", an der Holthauserstraße gab es
das alte Haus der Familie Meister. Daneben angebaut
das kleine „Wenzels-Haus", das ohne Zweifel mehr als

250 Jahre alt ist. Zuletzt war so viel Feuchtigkeit in der unteren Etage, dass das Haus vor wenigen Jahren zur Kernsanierung auf Stelzen gesetzt werden musste. „Mit dem Fingernagel konnte man die Balken zerbröseln, so feucht war alles", erinnert sich Hans-Walter, ein Urenkel des alten Wenzels, der 1850 das kleine Haus erworben hatte. Auf 80 qm, liebevoll renoviert, wohnt jetzt der Ururenkel mit Familie. Auf dem freigelegten Bruchstein über der ursprünglichen Feuerstelle entdeckte er das Datum 1767, vielleicht das Baujahr. Etwas weiter weg gab es ein höheres Schieferhaus. Außerdem standen hier in der Nähe, etwas oberhalb, noch größere Wohngebäude mit Scheunen und Stallungen: Bauer August Kotthaus senior (ein Bruder von Julius Kotthaus senior) und Bauer Schwerter. Wenn dann der eine und der andere Bauer sich morgens zum ersten Mal sahen, riefen sie einander zu: „Morjen Äu! – Morjen Äu!". August, plattdeutsch: „Äu", hießen sie beide. Die Gebäude von August Schwerter und August Kotthaus sind bis heute erhalten und sogar erweitert worden.

Viele neue Häuser sind im Laufe der Jahrzehnte auf Holthausen dazugekommen. Wiesen, Baumgruppen und Gärten mussten weichen. In meinen Kindertagen kannte ich alle Familien hier, ihre Namen, ihre Geschichten. Man hielt zusammen. Jetzt gibt es dort keinen Bauernhof mehr, aber an vier Stellen wird immer noch der Erdboden genutzt. Zwei Pferdehöfe und zwei Baumschulen sind weit bekannt. Und auf einem Teil unserer verpachteten Flächen erblühen jedes Jahr Tausende von Edelrosen; farbenprächtiges und hoffnungsvolles Zeichen des Lebens.

Vater im Garten am Haus.

Ackerbau und Viehzucht

Kühe

Die Kühe waren wohl die wichtigsten Tiere auf unserem Bauernhof. Jeden Morgen und jeden Abend mussten sie gemolken werden, denn es war die Milch, die jeden Tag Geld einbrachte. Und natürlich musste auch sonntags gefüttert und gemolken werden. Die ewig kauenden Kuhgesichter, diese treuen, großen Kulleraugen, diese samtenen, breiten Mäuler waren uns ein vertrauter Anblick. Wenn wir Mädchen abends zur Melkzeit in den Stall hineinkamen, konnte man sie gleich links sehen, nebeneinanderstehend, friedlich und einträchtig. Die alten und die jungen Mütter. Gewöhnlich hatten wir so um die zwölf bis 13 Kühe, ein Besitz, der unsere fünfköpfige Familie ernähren konnte.

Im Winter standen die Kühe wochenlang an Ketten angebunden hinter einer Reihe von betonierten Futtertrögen. Sie konnten sich auch hinlegen, etwas Stroh lag auf dem harten Boden. Wurden die Tage länger und wärmer, trieben wir nach dem frühmorgendlichen Melken die Kühe nach draußen auf die Weide. Nur an den ersten Frühlingstagen und am Sonntag, damit die Tiere und wir einen kurzen Weg hatten und so ein bisschen Zeit einsparen konnten, ließen wir sie auf der Weide am Haus grasen. In der Woche nahmen wir mit den Tieren den Weg durch die besiedelte Nachbarschaft „Am Sonnenblick" bis hinten zur Kuhweide mit Blick nach Cronenberg. „Minkas Baum" nannten wir diese Wiese, denn lange Jahre war die Kuh Minka immer die erste, die sich am späten Nachmittag, wenn es Zeit zum Melken war, am oberen Tor der Weide einfand, eben an diesem Baum, der auch heute noch steht und weit nach dem Verfall des Bauernhofes seinen Namen behielt. „Komm, Mutz, komm! Komm, Mutz, komm!", das war der gewohnte Ruf, den wir Kinder laut von uns gaben, waren wir mit einem leichten Stock zum Küheholen an diesem Baum angekommen. Und schnell kamen die anderen Kühe und ließen sich, meist willig und ohne Umwege, zum Kuhstall treiben. Auf dem Hinweg hatten wir Mädchen schon die Gartentore und Zäune der Nachbarn geschlossen, und nun galt es, mal vor, mal zurück zu laufen, um alle nicht verschließbaren „Löcher" zu bewachen. Denn keine Kuh sollte in Nachbars Garten landen. „Platsch, platsch", natürlich ließ die eine oder andere Kuh auf diesem Marsch zum Stall auch mal etwas fallen. Aber meistens waren die Bewohner aus den Häusern nebenan dankbar für diese Kuhfladen. Den Dünger konnten sie im Garten gut gebrauchen. Und wenn Fremde einmal zuschauten, wie die Kühe durch die Stalltür eintraten, staunten sie, wie jede Kuh zielstrebig und fügsam ohne Anrempeln und ohne Stoßen zu ihrem angestammten Platz ging, und sich willig an die metallene Kette legen ließ.

Solange ich mich erinnern kann, gab es bei uns die elektrische Melkmaschine, zwei dickwandige, schwere Metallkessel zum Auffangen der warmen Milch, jeweils mit aufgesetzten, dicht schließenden Aufbauten, dünnen Schläuchen und vier Bechern für das Kuheuter. Zunächst mussten wir das Euter der Kuh mit einem Lappen reinigen, mit Melkfett etwas massieren, der Kuh vielleicht auch noch gut zureden, dann mit beiden Händen immer zwei Zitzen umfassen, von oben nach unten vorsichtig drücken und dabei die weichen, warmen Zitzen etwas nach unten ziehen. So spritzte die erste Milch, die relativ keimhaltig war, in den Zinkeimer darunter. Dann erst wurden die Pulsatoren, also die vier Becher der Melkmaschine, um die Euterzitzen nach oben geschoben. Wenn die Melkmaschinen angeschlossen waren, hörte man ein gleichmäßiges Zischen im Takt. Eine gute Milchkuh gab in ihrer stärksten Zeit, etwa vier Wochen nach dem Kalben, durchschnittlich ungefähr 25 bis 28 Liter Milch am Tag. Hatte ein tragendes Rind das erste Kalb geboren, musste es erst einmal an die menschliche Hand gewöhnt werden. Dieses „Anmelken" war für beide Seiten nicht so leicht. Oft dauerte es lange, bis die „frischmelke" Kuh, die „Färse", die Hand am Euter duldete. Sie erbrachte im ersten Jahr etwa 18 bis 20 Liter Milch am Tag und man konnte damals davon ausgehen, dass sie dem Bauern fünf oder sechs Jahre lang Milch liefern würde. Einmal im Monat erschien der Melkkontrolleur und untersuchte von jeder Kuh die Milch auf Eiweiß- und Fettgehalt.

War es gerecht, dass die kleinen Kälber nach der Geburt mit Milchpulver großgezogen wurden, und wir die Milch für uns und den Verkauf nutzten? Vor der langen Bank standen die 20 Liter fassenden, schweren Milchkannen. Die erste Kanne hatte schon den breiten, überkragenden Metalltrichter mit Filtrierpapier und einer sauberen Stoffwindel, dem „Seihtuch", aufgesetzt bekommen. Die noch kuhwarme Milch gossen wir dann vorsichtig durch diesen Aufsatz, so wurde sie von möglichen kleinen Schmutzteilen gesäubert.

Damals war es noch erlaubt, die frisch gemolkenen Milch an Nachbarn direkt zu verkaufen. Die Mutter hob die schwere 20-l-Kanne hoch und goss sicher, ohne einen Tropfen zu verschütten, die kostbare Ausbeute in ein metallenes Litermaß, dann die gewünschte Menge in die kleine Milchkanne aus der Nachbarschaft. Wie viele Liter Milch in all den Jahrzehnten hier „über die Bank" gingen! Jeden Abend, nach getaner Arbeit, wurde die Bank geschrubbt, vorher mussten das Melkgeschirr und die leeren Kannen mit kochendem Wasser gesäubert werden. Die Pulsatoren und Schläuche wurden aufgehängt und desinfiziert. Ich kann mich daran erinnern, dass Anfang der sechziger Jahre ein Liter Milch

60 Pfennig kostete. Unsere Mutter, die wahrlich hart arbeitete, hatte also immer etwas Kleingeld zur Verfügung, von dem zum Beispiel das Brot und die Brötchen bezahlt wurden, die der Bäcker ins Haus brachte.

Das Füttern der Kühe geschah vor dem Melken und war die Aufgabe unseres Vaters. So klein wir auch waren, so durften wir doch nach unseren Möglichkeiten mitmachen, etwa mit der Hand Heu in die Tröge legen. Dabei mussten wir auf die Zinken der Heugabel aufpassen, denn unser Vater arbeitete natürlich schnell. Wie kam das Heu, das doch oben in der Scheune lagerte, vorne in den Stall vor die Tröge? Das war uns auch später, als wir ordentlich mit anpacken konnten, immer noch erstaunlich und erschien sehr praktisch. Vom Boden der Scheune aus gab es einen Fallschacht. Mit einer gekrümmten Gabel, einem Haken, rissen wir das gelagerte Heu vom gepressten Vorrat ab und schoben es in den Schacht, mitunter richtig dicht gefüllt. Unten im Stall mussten wir jetzt nur an entsprechender Stelle den alten Holzriegel drehen und die Türe öffnen. Aber leider kroch das Heu nicht von selber aus dem Hochbehälter, sondern musste mühevoll herausgezogen werden.

Das Heu im Stall war nicht immer unser Freund. Natürlich war der Stall auch unser Spielplatz. Und wenn wir beiden Schwestern dann auf unseren einfachen Holzrollern vor den Kuhtrögen die Bahn runter und wieder hochfuhren, ging es so manches Mal nicht weiter. Schon wieder hatten sich Heuhalme um die Radachsen gewickelt und die Fahrzeuge zum Stehen gebracht. Ärgerlich, aber es gehörte einfach dazu, und ehrgeizig zogen wir einen Halm nach dem anderen von der Achse. Unsere Schwester Marlies fuhr in Kindertagen sogar mit einem kleinen Fahrrädchen durch den Stall, und einmal nahm sie die Kurve zu eng, stürzte und verstauchte sich den Knöchel. Von der Decke hing die Schaukel, mitten im Stall. Die Eltern waren mit Melken beschäftigt und wir beiden Schwestern setzten uns abwechselnd auf die Schaukel. „Deu mal!", hieß die Aufforderung, wenn ich auf der harten Holzstange saß. Und Annegret stieß mich auf der Schaukel an. Es war schön, von hier oben die friedlichen Kühe anzuschauen: Minka, Ella, Bertha, Rosi und wie sie alle hießen. Wir konnten sie an ihrer Fellzeichnung und ihrem Kopf genau auseinanderhalten. Wenn das Kälbchen, das gerade geboren war, vom Melkkontrolleur nach der kurzen Untersuchung mit der Ohrmarke versehen worden war, wurde es mit dem typischen Schwarz-Weiß-Muster in dem Herdbuchverzeichnis aufgezeichnet. Dazu ging er in die Küche und setzte sich an den großen Tisch. Von der Bank aus sahen wir Mädchen zu, das Ausmalen faszinierte uns jedes Mal. Der Name für das Neugeborene musste mit dem Anfangsbuchstaben der Mutter beginnen und wurde von uns liebevoll ausgewählt.

Von den Betreibern der Molkerei wurde uns die Kennzahl 983 zugewiesen. Diese drei Ziffern wurden mit roter Farbe auf die 20-l-Kannen gemalt und, wenn sie zu verblassen drohten, von unserem Vater nachgeschrieben. Lange Zeit gab es bei uns an der Straßenseite des Hofs die „Rampe". Hierauf stellten wir morgens die vollen Milchkannen. Auch die anderen Bauern brachten ihre Kannen hierher. Zum Transport hatte August Kotthaus mit seinen Söhnen Horst und Harald einen speziellen Holzkasten gebaut, der an den Traktor angehängt werden konnte. Der Fahrer des Milchhofs kam mit seinem kleinen Lastwagen angefahren. Die Rampe und die Ladefläche hatten ungefähr dieselbe Höhe. Das erleichterte dem Mann die Arbeit ein wenig. Er stellte die leeren Kannen vom Vortag hin und zog mit Kraft die vollen Milchkannen auf seinen Wagen. Er sicherte die volle Ladung noch und fuhr dann mit Tempo davon. Ein Verwandter von uns, Onkel Fritz Hohnroth, betrieb ein wenig Viehwirtschaft im „Hackbusch". Die zwei oder drei Kühe dort wurden mit der Hand gemolken. Mit einem Joch auf den Schultern brachte er die Milchkannen zu Fuß durch den Wald hoch bis zu dieser Rampe – unvorstellbar in der heutigen Zeit. Was man sich heute auch kaum noch vorstellen kann: Tante Ida, seine Schwester, holte das Trinkwasser aus einer Quelle und Strom gab es auch nicht.

Ende der fünfziger Jahre kam eine neue Bestimmung auf: Jeder Bauer musste sich eine Kühlanlage für die Milchkannen anschaffen. Eine Ecke im Flur war jetzt besetzt durch diese wassergekühlte Anlage, die Platz für vier Kannen bot. Die Kannen mussten penibel sauber sein, die vorgeschriebene Temperatur zuverlässig eingehalten werden. Die Milchkannen wurden nicht mehr abgeholt, sondern ein großer Tankwagen fuhr pünktlich um 8 Uhr vor. Der Fahrer saugte die Milch ab, ein Zählwerk gab die Menge an. Die „983" blieb uns erhalten, aber Mutters schöne alte Truhe aus der Napoleonzeit, die vorher ihren Platz im hinteren Eingangsbereich gehabt hatte, wurde von der Kühlanlage verdrängt und musste um einige Meter weichen. In einer der großen Kannen setzte unsere Mutter aus sieben Dolden wunderbar duftender Holunderblüten, zusammen mit Zitronen, Zucker und Weinsteinsäure Holunderblütensirup an – gekühlt das köstlichste Getränk in der heißen Sommerzeit! Diese Kanne stand natürlich im Keller und nicht in der „Milchkühlung".

Unsere letzte Milchkuh war Grete mit den Klumpfüßen. Sie starb, von uns allen geliebt wie ein altersschwaches Familienmitglied, im Jahr 1972. Es war vorbei mit der Milchwirtschaft auf Holthausen und auch die Rampe wurde nicht mehr benötigt. An ihrer Stelle pflanzte unser Vater später hoffnungsvoll einen Mammutbaum, einen „Exoten". Wie klein man sich doch fühlt, wenn man neben einem ausgewachsenen Exemplar dieser Gattung steht.

Unsere Eltern neben einem Mammutbaum im Odenwald.

Rinder

Natürlich bekamen wir Benachrichtigungen nicht per E-Mail oder übers Smartphone, auch nicht per Telefon im Haus. Denn das Telefon hatten die Eltern abgemeldet, nachdem wir kleinen Kinder mehrfach die Wählscheibe gedreht und die Telefonrechnung in die Höhe gejagt hatten. Aber wie kam uns damals diese Nachricht zu Ohren?

„Schnell, zieht Euch an! Die Rinder sind ausgebrochen, wir müssen sie einfangen!" Es war wohl sehr spät am Abend, uns schien es mitten in der Nacht zu sein. Schnell zogen wir Kinder uns an, derbe Schuhe für draußen, denn wir mussten durch den Wald, mitten in der Nacht, im Finsteren. Was war los? Im Sommer und Herbst, bis zum Winter, standen unsere Rinder hinten in der Nähe der Lungenheilanstalt auf der Wiese am Waldrand vor dem „Hackbusch" zum Weiden. Wir mussten uns nicht groß um sie kümmern. Ab und zu schauten wir nach, ob sie frisches Wasser brauchten und fuhren dann das große, 1000 Liter fassende Wasserfass dorthin. Hinten am Fass war eine metallene Wasserschale befestigt. Schnell lernte das Rind, dass es durch Andrücken mit dem Maul eine Mechanik in Gang setzen konnte, sodass Wasser in die Schale floss. Die Tiere, die ja noch nicht gemolken wurden, fraßen ihr Gras, vertrugen sich und genossen ihre Freiheit. Anscheinend hatten sie diese Freiheit jetzt ausgenutzt, hatten irgendwo den Zaun niedergetreten und waren durch den Wald spaziert, dann die Wiese hoch auf die Cronenberger Seite. Ob sie sich mit den Rindern von dem anderen Berg angefreundet hatten? Auf jeden Fall mussten wir sie wieder eintreiben, und deshalb war jetzt die ganze Familie unterwegs, um sie aufzufinden. Mit wenigen Taschenlampen und Stöcken machten wir uns auf den Weg. Zum Glück hatte unser Vater eine Ahnung, wo wir sie finden konnten. Wie lange es wohl dauerte, bis wir sie aufgespürt hatten? Ich weiß es nicht mehr. Aber die Eltern fanden sie. Fritz erkannte jedes Tier an seinem Kopf und an der Schwarz-Weiß-Zeichnung des Fells. Bestimmt war beim „Sortieren" auch noch ein Bauer von der anderen Seite dabei. Mit gutem Zurufen und leichten Schlägen ließen sich die Rinder dann mitten in der Nacht von uns zurück durch den Wald auf die Weide führen. Unser Vater Fritz schaute noch nach dem Zaun und reparierte ihn notdürftig. Dann ging es für alle ins Bett. Wie viele Stunden wir unterwegs waren, weiß ich nicht mehr. Die Tiere haben auf jeden Fall ihr Abenteuer gehabt und wir alle auch. Wir haben die Eltern sehr bewundert und natürlich auch die Rinder, die einfach „abgehauen" waren.

Wie aber mögen wir die Meldung ohne Telefon bekommen haben? Möglicherweise war in der Nachbarschaft angerufen worden, um uns zu benachrichtigen. Vielleicht kam auch vom Bauernhof auf dem anderen Berg jemand nach der Stallarbeit herüber durch den Wald, um Bescheid zu sagen. Das bedeutete für denjenigen etwa eine Stunde Fußmarsch. Und er musste natürlich eine Vermutung haben, wem die entlaufenen Tiere wohl gehören konnten.

Schweine

Der Haken an der Kellerdecke weckte keine guten Erinnerungen. Hier haben sie leblos gehangen, in Hälften. Dieser Schrei in Todesangst, laut und durchdringend, war vom Stall bis in die Küche gut zu hören. Wir brauchten es nicht mit anzusehen, aber wir hörten es. Das Leben entwich und es floss viel Blut.

Ganz hinten im Stall, hinter Bretterwänden, hatten die Schweine ihren Platz. Auch sie waren, wie die Pferde, gut zu hören und auch zu riechen. Wenn sie gefüttert wurden, konnten wir die großen Schweine laut grunzen und die kleinen Ferkel schmatzen hören. Wir Mädchen kletterten außen an den Bretterwänden hoch, um dieses Spektakel besser beobachten zu können. Hinter den Umrandungen fühlten wir uns geschützt vor den immer schnaubenden Viechern.

Gerne schauten wir dem Vater draußen zu, wenn er in dem hohen Ofen neben den Silos alte Kartoffelschalen und Gemüsereste als Schweinefutter erhitzte. Es roch säuerlich, aber ich fand das nicht schlimm. Wenn unser Vater dann die Schweine fütterte, fielen diese natürlich schnaubend und grunzend über das Fressen her, und jedes Tier versuchte, soviel davon abzubekommen, wie möglich.

Unsere Mutter erzählte immer wieder, wie wir beiden größeren Mädchen schreiend und weinend in die Küche zu den Eltern gelaufen kamen und riefen: „Das Schweineauto soll kommen, das Schweineauto soll kommen!" Damit war der Viehhändler gemeint, der Tiere zur Schlachtung abholte. Aber was war passiert? Die Schweine waren ausgebrochen und hintereinander und durcheinander durch den Kuhstall gelaufen, laut grunzend und immer wieder mit Tempo um die Kühe herum, vorne an den Trögen vorbei, den Gang hinunter und dann hinter den Kuhschwänzen entlang. Die Kühe, die ja angekettet waren, konnten sich nur durch lautes Muhen und Reißen an den Ketten wehren. Dieses wilde Jagen, Grunzen und Muhen hatte uns Töchtern wirklich große Angst eingejagt. Ich weiß nicht, ob es aufgrund dieser Geschichte war, oder ob es an den neuen Erkenntnissen lag, dass zu viel Schweinefleisch für unseren rheumageplagten Vater ungesund wäre – aber kurze Zeit später haben wir die Schweinemast tatsächlich aufgegeben. Dabei war es so schön, unserem Vater zuzusehen, wie er nach der Schlachtung mit einem kleinen Maschinchen die mit Schweinemett oder Blutwurst gefüllten Blechdosen verschloss. Er saß am Kopfende des Küchentisches und konzentrierte sich ganz auf sein Tun. Wie gut, dass es diese alte lange Bank gab! Wir Mädchen standen auf ihr und konnten alles genau beobachten, auch unsre Mutter, die in Schürze und Kopftuch am Herd stand und mit dem langen Holzlöffel durch den großen Topf mit der dampfenden Blutwurstbrühe rührte. Ein interessantes

Schauspiel für uns Kinder und viel Arbeit für die Eltern. Das war jetzt vorbei. Die Schweine gab es nicht mehr – eigentlich schade.

Aber andererseits war es gut, dass wir nie mehr diesen Todesschrei aus dem Stall hörten, wenn wieder einmal eine Sau mit einem Bolzenschlag vor den Kopf für die Schlachtung betäubt wurde.

Kälber

Einmal schaute ich mir die Kälber an und fragte unseren Vater: „Woran sieht man denn, ob es männlich oder weiblich ist?" Ich wusste bereits: Die weiblichen behalten wir zur Aufzucht, die anderen bleiben nur kurze Zeit bei uns, werden dann vom Viehhändler abgeholt und bald geschlachtet. „Guck, die Männlichen haben einen größeren Kopf!", erhielt ich zur Antwort und zweifelte etwas an der Richtigkeit dieser Aussage.

Nicht weiter aufgeklärt, wurden wir allerdings wenige Jahre später in den Stall gerufen. Bei einer tragenden Kuh hatten die Wehen eingesetzt und unter lauten Muh-Rufen sollte die Geburt beginnen. Da standen wir beiden Schwestern nun, zusammen mit den Eltern, hinten bei der Kuh und sahen mit Erstaunen, wie ein kleines Mäulchen und Vorderfüßchen sich schon durch den Geburtskanal stießen. Leichte Stricke wurden an die Füßchen verknotet, und der „Geburtshelfer", ein Gestänge mit Ratsche, wurde an das Gesäß der Kuh angesetzt. So wurde das kleine Kälbchen in einem Schwall Fruchtwasser schnell herausgeholt. Da lag es nun, noch verklebt von der Fruchtblase, nass und dunkel. Ein Wunder! Das Neugeborene wurde übers Stroh nach vorne gezogen, wo die Mutterkuh das Kleine mit ihrer rauen Zunge ablecken konnte. Das ist von der Natur gut eingerichtet, denn so kommt bei dem Kälbchen der Kreislauf in Gang und bei der Kuh der Milchfluss. Außerdem bildet die Haut der Fruchtblase eine gute Nahrung für das Muttertier. Zusätzlich erhielten unsere Kühe, die gerade ein Kalb geboren hatten, nach dieser anstrengenden und schmerzvollen Arbeit eine oder zwei Scheiben kräftiges Schwarzbrot. Eine besondere und liebevolle Fürsorge. Aber das Kälbchen erhielt nur wenige Tage lang die Vormilch, dann musste es sich mit angerührter Milch aus Milchpulver begnügen und die fette Milch der Kuh kam zum Verkauf. Mit dem Magermilchpulver fand auch Kunststoff Einzug in unseren Betrieb. Das Pulver wurde in orangefarbenen und grünen Eimern angeliefert. „Die kann ich gut als Putzeimer gebrauchen, wenn sie leer sind", freute sich Mama. „Oder ich nehme einen mit in den Garten zum Unkrautjäten."

Im Stall gab es verschiedene Verschläge für die Kälber, wie in Schulklassen waren sie nach Alter sortiert, und die Kälber einer Abteilung vertrugen sich gut. Nur wenn es zur Fütterung kam, stießen sie sich auch schon mal mit den Köpfen, denn jedes Kalb wollte natürlich möglichst viel Milch aus dem Eimer bekommen. Oft gingen wir Töchter mit zum Kälberstall auf dem „Baumhof". Wenn wir dann alle Eimer nebeneinanderhielten und die Tiere gleichzeitig anfangen konnten zu saufen, ging es am friedlichsten ab. Aber wehe, das erste Kalb hatte schnell den Eimer geleert, dann gab es Knuffe rechts und links.

Im Winter standen die Tiere natürlich monatelang im Stall, Kühe und Rinder an der Kette, Kälber, immerhin mit geringen Bewegungsmöglichkeiten, in den verschiedenen kleinen Verschlägen, einer für größere hinter den Kühen, zwei neben der Schweineabteilung links. Dort war auch die niedrige Türe nach draußen.

Im Frühjahr wurde diese Türe geöffnet. Das Spektakel, welches darauffolgte, versetzte nicht nur uns Kinder, sondern auch die Eltern schon vorher in Freude, Sorge und Aufregung. Die Kälber drängten aus dem dunklen, engen Stall in die große Freiheit auf die nahegelegene Wiese. Sie warfen ihre dünnen Beinchen ausgelassen in die Luft, sprangen vor Freude über diese unerwartete Freiheit mal hierhin, mal dorthin und brachen sich fast die Beine. „Die gehen ab wie eine Rakete", meinte später mal mein Vetter Jens Kotthaus aus Schönwalde in Holstein, selbst Landwirt. Das sah bei den erfahrenen, dickleibigen Kühen schon anders aus. Eine Kuh nach der anderen wurde von der Kette gelassen, und ruhig und gemächlich gingen sie hintereinander aus der Stalltüre. Jetzt war wieder die gute Zeit angebrochen, in der sie morgens nach dem Melken herausgelassen wurden.

Pferde

Eigentlich hätte ich ihn ja noch irgendwo entdecken müssen, ich habe ihn noch genau vor Augen: Er war nicht aus Porzellan, wie üblich, sondern aus Glas, in der Mitte durchsichtig, zum Rand hin in gelben Ringen gefärbt. Warum habe ich ihn nicht vergessen? Das liegt wohl auch an der Erinnerung an diese fürsorgliche Liebe, denn wir wollten die Brut an ungewöhnlichem Platz aufziehen. Der Pferdestall war wirklich nicht gut geeignet für die fiepsenden, gelben Bällchen, aber wir hatten sie nun mal dort entdeckt, eigentlich nicht zum Leben bestimmt. Eine Henne hatte diesen „Schutzraum" aufgesucht, Eier gelegt und ausgebrütet. Wir Kinder wollten alles tun, um sie durchzubringen. Unsere Mutter bereitete in der Küche einen leichten Haferflockenbrei zu und wir trugen den Glasteller mit dem Futter vorsichtig in den Pferdestall zu den Küken.

Selbst uns Mädchen, die wir doch erheblich größer waren als diese kleinen Wesen, flößte dieser Teil unseres großen Bauernhofes etwas Angst ein. Hinter starken Mauern konnte man unsere beiden Arbeitspferde schnauben und mit den schweren Hufen schlagen hören. Zu sehen waren von ihnen nur Kopf und Rücken. Unsere Mutter war auf Spieckern mit vielen Tieren groß geworden. Ihr machten Pferde keine Angst. Einmal war jedoch auf ihrem elterlichen Hof ein Pferd von Wespen gestochen worden. Es war in der Zeit der Obsternte, und das gestochene Pferd wurde in seiner Not so wild, dass es den Wagen, vor den es gespannt war, herumriss, stürzte und sich die Beine brach. Ihr Bruder musste es schweren Herzens erschießen. Jetzt, auf Holthausen, hatten wir zwei starke Kaltblutpferde namens Max und Lotte. Durch Eisengitter schauten uns diese treuen Kolosse mit ihren dunklen Augen an. In den frühesten Jahren unserer Kindheit leisteten sie unseren Eltern wertvolle Dienste: Sie zogen den schweren Karren mit Mist aufs Feld und ließen sich vor die Sämaschine, die Egge oder den Heuwagen spannen. Den Pflug zu ziehen bedeutete Schwerstarbeit für die Pferde. Wenn sie zur Arbeit auf den Hof geführt und ihnen Kummet und Geschirr angelegt wurden, hatte die Mutter gerne, dass wir Kinder sicher und geschützt im Haus blieben und vom Küchenfenster aus zuschauten.

Einmal, es muss Mitte der fünfziger Jahre gewesen sein, kamen die beiden Pferde alleine auf den Hof getrabt. Laut waren ihre schweren Hufschläge zu hören. Was war passiert? Unser Landwirtschaftslehrling Helmut Lenz hatte frühmorgens den Pflug hochgeklappt, den beiden Pferden angehängt und war zum Pflügen auf den Acker gezogen. Eine Zeitlang war alles gut gegangen, aber irgendwann wurden die Tiere aufsässig, wie er später erzählte: „Wir haben immer gegeneinander gekämpft!" Und so waren ihm an diesem Tag die Pferde „durchgegangen" und alleine nach Hause getrabt. Ein anderes Mal hatte der damals Sechzehnjährige die Arbeitstiere vor den Mistwagen gespannt und verstreute den Mist mit der Mistgabel auf einer abschüssigen Wiese – eine anstrengende Arbeit. „Da haben sie mir den Wagen umgekippt und sind schon wieder abgehauen!", erklärte er später meinem Vater, seinem Lehrmeister, als die Pferde, früher als erwartet und ohne ihn, auf dem gepflasterten Hof erschienen und die Arbeit noch nicht getan war. Solche Unfälle gingen nicht ohne Schaden ab.

Heutzutage stehen Pferde, wenigstens bei einigen Menschen, allerdings wieder hoch im Ansehen. Und so kann man auf dem Bauernhof Engelhard und dem Bauernhof Schwerter seit Jahrzehnten mit Freizeitpferden Geld verdienen.

Hühner

Wie mögen die Besitzer der hochmodernen Penthousewohnungen nebenan es wohl empfunden haben, wenn sie den Blick schweifen ließen und von oben herabsahen? Und sie werden vielleicht mit Missbilligung von oben herabgesehen haben auf diese niedrigen, kleinen Hütten. Im Sommer waren sie ringsherum von grün belaubten, jungen Bäumen und Sträuchern, von wilden Disteln und von Brennnesseln bewuchert, aber ab dem Spätherbst dann offenbarte sich der marode Charme von verfallenen Bauwerken. In unserer Kindheit war es eine bevorzugte Wohngegend für unser Federvieh gewesen.

Unsere Kinderaugen schauten ganz gespannt auf den kleinen Ausgang hinten an dem blau-grün gestrichenen Häuschen. Ein schräges Brett mit aufgesetzten, schmalen Holzlatten ermöglichte es den Hühnern, wie sie wollten nach drinnen oder draußen zu laufen – vorausgesetzt, die Klappe war morgens geöffnet worden. Gespannt schauten wir Kinder immer wieder, ob sich das Flattervieh zeigte. Es war zu schön anzusehen, wenn die Hühner, laut gackernd, eins nach dem anderen herunterliefen. Draußen hatten sie genug Platz zum Scharren und um im Gras nach Würmern zu suchen. Der Bereich um das kleine, blau-grün gestrichene Hühnerhaus gehörte ihnen. Allmählich hatten sie an einigen Stellen durch ständiges Scharren das Gras verdrängt, und so konnten sie hier auch ein Staubbad nehmen. Morgens und abends kam unser Vater mit einer großen Blechschütte voller Körner, um die Tiere zu füttern, mal draußen und mal drinnen. Natürlich durften wir von klein auf auch eine Handvoll nehmen und uns einen Spaß daraus machen, die Hühner zu füttern. Wenn wir durch die Türe in das Hühnerhaus hineingingen, liefen einige Tiere hin und her, dabei wirbelten sie immer viel Staub auf. Die Luft war nicht angenehm, aber wir mussten natürlich die Eier einsammeln. Allmählich wussten wir, wo die Hühner ihre Lieblingsnester hatten, und wir Kinder freuten uns jedes Mal, wenn wir ein Ei gefunden hatten. Vorsichtig legten wir die manchmal noch warmen Eier in kleine Körbchen oder Schalen. Später bekamen die Hühner Legekästen, die unser Vater an der Bretterwand befestigte. Diese kleinen Holzkästen hatten einen etwas schrägen Boden, sodass die Eier langsam nach vorne rollten, wo sie von einer kleinen Leiste gestoppt wurden. Für die Hühner waren die Eier jetzt verloren, aber wir Kinder konnten sie leicht herausnehmen. In der Mitte des Raumes, inmitten von Stroh und etwas Hühnermist, stand die runde Wassertränke aus Blech. Die musste ständig sauber gehalten und nachgefüllt werden, was keine angenehme Arbeit war. Hatten wir zu viele Eier, verkauften wir sie abends an unsere Milchkunden. Nicht immer gab es

Eierschachteln dazu. Dann wurden je drei Eier in Zeitungspapier eingerollt. Junge Küken oder Legehennen kauften wir auf einem großen Legehof bei Beyenburg ein. Es war immer ein spannendes Erlebnis, wenn wir zum Hühnerkauf mitdurften. Die jungen, weißen Legehennen kamen in eine große Pappkiste mit Löchern im Deckel, vielleicht acht oder zehn Tiere zusammen. Eng aneinander stehend mussten sie dieses Gefängnis aushalten, bis es dann bei uns zu Hause in die „bevorzugte Wohngegend" ging – in Freilandhaltung!

Natürlich gab es in unserer Familie oft Eierspeisen, die Pfannkuchen haben wir alle in bester Erinnerung. Rührei oder Spiegeleier gab es auch mittags, wenn das Fleisch vom Sonntag verzehrt war und auch der fette Speck vom Gemüseeintopf. Am Samstag kamen natürlich viele Eier in den Kuchen. Brauchten wir Eischnee, so ließen wir das Eiweiß in einen Suppenteller fallen und schlugen es mit einer Gabel. Wir Kinder fanden es immer erstaunlich, wie sich das flüssige Eiklar in steifen Eischnee verwandelte. Schon früh erlernten wir diese Kunst. Auch merkten wir, wie sinnvoll es ist, jedes Ei erst einmal über einer Tasse zu öffnen, um festzustellen, ob es auch frisch ist. Es konnte vorkommen, dass wir ein Ei erst spät in einem selten benutzten Nest fanden, es zu alt war und stank. Wehe, es wäre jetzt zusammen mit anderen, guten Eiern in den Kuchenteig geraten!

Meine Mutter hatte, wie mein Vater auch, ein gutes Herz. Ich kann mich daran erinnern, dass wir Schwestern, wenn wir zum Klavierunterricht gingen, immer eine Schachtel mit zehn frischen Eiern mitnahmen. Der Klavierlehrer, ein Sangeskollege unseres Vaters, erhielt das verabredete Honorar, und seine Frau, die nach der Hochzeit schwer an MS erkrankt war, bekam eine Schachtel mit Eiern geschenkt.

Selten haben wir ein Huhn in die Suppe gesteckt, das Töten und Ausnehmen der Tiere war für uns alle eine unschöne Angelegenheit. Einmal habe ich das später als junges Mädchen gemacht, aber angenehmer ist es, eine Dose Hühnersuppe zu kaufen.

Im Jahr 2016 waren Hühnerhaus und Kälberstall die einzigen Gebäude, die noch von unserem großen, stolzen Bauernhof übriggeblieben waren. Da ist es vielleicht verständlich, dass wir drei Töchter aus der Bauernfamilie diese letzten Hütten mit etwas verklärten Blicken ansahen und nicht missbilligend „von oben herab", wie wahrscheinlich die neuen Besitzer auf unserem Grund und Boden, einer „bevorzugten Wohngegend" mit einem Quadratmeterpreis von mittlerweile über 160 Euro.

Kartoffeln

Einer von uns musste immer drehen, um die Rüttelsiebe in Bewegung zu setzen. Das gleichmäßige Geräusch verriet, dass es voran ging. Die Kleinen fielen durch das Sieb und die Größeren wurden zurückgehalten. Die Eltern griffen mit schnellem Blick die Schadhaften heraus. Diese kamen dann in den Trog für Schweinefutter. Sie hießen „Sieglinde" oder auch „Grata".

„Im Märzen der Bauer die Rösslein einspannt; er setzt seine Felder und Wiesen instand. Er pflüget den Boden, er egget und sät und rührt seine Hände frühmorgens bis spät." So haben wir es in der Schule gesungen und zu Hause erlebt. Auch die zweite Strophe erzählte von der Bauernarbeit: „Die Bäurin, die Mägde, sie dürfen nicht ruhn; sie haben im Haus und im Garten zu tun. Sie graben und rechen und singen ein Lied, sie freun sich, wenn alles schön grünet und blüht..." Schade nur, dass die Zeit der Mägde vorüber war.

Wenn die Winterzeit ein Ende nahm und ein Ahnen von Frühling in der Luft lag, ging unser Vater allein, in den späteren Jahren auch mit uns älteren Kindern, in den Wald, um „den Frühling zu suchen". Es war ein langer Weg bis zu den etwas sumpfigen Waldstücken und jedes Jahr suchte er dieselbe Stelle auf. Die Bäume waren noch ohne Grün und so konnten an einigen Stellen im lichten Wald bald die ersten Buschwindröschen wachsen. Nicht immer waren sie beim ersten Gang schon zu finden. Aber hatte Papa dann irgendwann endlich einige von diesen zierlichen, weißblühenden Waldanemonen entdeckt, wusste er: „Der Frühling kommt bald". Dann war es Zeit, das Feld zu bestellen. Es musste gepflügt und geeggt werden. In den frühen fünfziger Jahren zogen die Pferde Max und Lotte den Pflug, der die Erde aufriss. Eine schwere Arbeit für Mensch und Tier. Unser Lehrling Helmut Lenz hat das alles noch gelernt, und er hat damals tüchtig mitgeholfen. Ein „Vielfachgerät" zog gerade Furchen auf den Kartoffelacker. Jetzt konnten die Kartoffeln in die Erde gesetzt werden. Unser Vater ging mit dem jungen Mann auf den Acker, und sie ließen die Saatkartoffeln aus Körben oder Tüchern, die sie sich am Körper festgebunden hatten, in gleichmäßigem Abstand in die Furchen fallen. Größere Kartoffeln wurden vorher halb durchgeschnitten, um so eine größere Menge Pflanzkartoffeln zu erhalten. An jedem Stück musste aber mindestens ein „Auge" sein, damit die Frucht keimen konnte. „Die halben Kartoffeln müssen mit der aufgeschnittenen Seite auf der Erde liegen! Bück dich, wenn die Kartoffel nicht richtig fällt! Die Keime müssen nach oben oder zur Seite zeigen!", wies mein Vater seinen Lehrling an. Eine langwierige Arbeit für beide. Die Furchen wurden wieder zugepflügt und die Pflanzen nach einiger Zeit mit der Maschine angehäufelt. Ende April wurden bereits die Frühkartoffeln gesetzt, spätere Sorten erst im Mai. Ab den späten fünfziger Jahren wurde das

Unkraut meist maschinell ferngehalten. Von unserem Vater lernten wir, die Regenwürmer zu lieben. Vorsichtig stieß er mit der Grabegabel die Erde um. „Da sind sie schon! Nie dürft ihr einen tot machen!" Mit diesen Worten zeigte er uns Kindern einen Regenwurm auf der Hand. „Sie sind ganz wichtige Tiere für uns. Sie helfen uns, die Erde zu lockern und umzugraben."

Im Garten verrichtete die Bäuerin alle diese Arbeiten natürlich von Hand. Meine Mutter hat immer erzählt, dass es am Tag meiner Geburt Anfang Mai 1951 ein derartiges Unwetter gab, dass die schon gesetzten Garten-Kartoffeln durch den Regen aus den Furchen gespült wurden. Wie sie es dann als junge Wöchnerin später geschafft hat, Kind und Haushalt zu versorgen, die Kühe zu melken und die Kartoffeln wieder neu zu setzen, ist in der heutigen Zeit kaum noch vorstellbar. Aber wie so Vieles, hat sie auch das geschafft. Und sie hat uns Kinder „groß gekriegt", so groß, dass wir dann in späteren Jahren mithelfen konnten, die Kartoffeln aufzusammeln.

Das Kartoffelkraut musste „vergangen" sein, also bräunlich und „hinfällig", dann waren die Kartoffeln in der Erde reif. Als es auf unserem Bauernhof keine Pferde mehr gab, zog unser Vater Fritz mit dem Traktor und angehängtem Kartoffelroder aufs Feld, um durch die Reihen zu fahren und mit der Maschine die Kartoffeln ans Tageslicht zu befördern. Der Kartoffelroder unterfuhr die Früchte und beschädigte sie so in der Regel nicht. Oft hatten sich bei uns schon einige Kinder eingestellt, und wir alle gingen mit der Mutter auf den Kartoffelacker. Für jeden gab es einen Korb, geflochten aus Weiden oder aus Draht. Nebeneinander in einer Reihe zogen wir gebückt über das Feld. Mit geübtem Auge schauten wir nach Kartoffeln, die auf der braunen Erdkrume lagen. Das roch so gut nach aufgebrochener Erde! War unser Korb voll, wurde er auf den großen Wagen entleert. Einige Stunden am Tag dauerte das Aufsammeln, und am nächsten Tag ging es meistens weiter. Unsere Mutter hatte für alle Kinder in der Küche schon den Tisch gedeckt und neben ein bisschen Taschengeld gab es jetzt für jeden Brote mit Rübenkraut und auch Bratkartoffeln und grünen Salat. Nach der gemeinsamen Arbeit schmeckte uns das so gut wie ein echtes Festmahl. Aber ein Kartoffelfeuer mit dem abgestorbenen Kraut haben wir in der Familie nie veranstaltet, schade eigentlich!

An einem der nächsten Tage war dann die „Kartoffelarbeit drinnen" in der Scheune dran. Papa, Mama und wir Kinder versammelten uns um die Kartoffelsortiermaschine. Abwechselnd setzten wir das rote Schwungrad in Bewegung, um die verschiedenen Siebplatten zu rütteln und mit ihnen die Kartoffeln, die oben vorsichtig aufgeschüttet wurden, nach Größe und Qualität zu sortieren. Ein wachsames Auge und eine schnelle Hand gehörten dazu, die schadhaften Kartoffeln auszusortieren. Fasziniert schauten wir darauf, wie sich die Kartoffeln scheinbar mühelos entschieden, zu den kleinen, mittleren oder größeren zu rollen. „Sieglinde" und „Grata" waren angekommen. Die Säcke füllten sich schnell.

v.l.n.r.: Dorothee und Annegret im Hühnerpark.

Leben und Arbeiten
im Rhythmus der Jahreszeiten

Frühjahr

An ihrem sehr tief gegabelten Schwanz konnten wir sie gut erkennen. Jedes Jahr kamen sie zuverlässig wieder, waren plötzlich da und brachten die frohe Kunde mit, dass endlich der Frühling eingezogen war. Mit langen, schlanken Flügeln zogen sie in Windeseile durch die Luft, ihrem Ziel entgegen. Wie gut, dass die Eltern die Oberlichter von den vertrauten Stallfenstern rechtzeitig geöffnet hatten, denn sie waren ortskundig und erschienen mit immer gleichem Auftrag. In pfeilgeradem Flug kamen sie daher, so schnell, dass man nur einen kurzen Blick auf sie werfen konnte. Wenn sie aber dann sicher gelandet waren, ging es an die Arbeit, die alten Nester, die oben an den Innenwänden des Kuhstalls hingen, auszubessern. Oft hielten die Familienbrutstätten, gebaut aus Lehmklümpchen vermischt mit Speichel und Gras- oder Strohhalmen, jahrelang. Und sie waren uns allen freundliche Gesellen, Boten des Frühlings, unsere Rauchschwalben. Wir Kinder verhielten uns still. Wir wollten die Schwalbenmütter, die schon bald auf ihren Eiern hockten, nicht durch plötzliche Bewegungen stören oder gar vertreiben. Nach etwa 14 Tagen war es dann soweit. Voller Freude holte uns unsere Mutter aus der Küche mit den Worten. „Schaut, die kleinen Schwalben sind geschlüpft. Zählt, wie viele offene Schnäbel im Nest zu sehen sind!" Und jetzt sausten Schwalbenmutter und Schwalbenvater beide blitzschnell hin und her, um Fliegen zu fangen und sie in die aufgesperrten Schnäbel zu versenken. Das war für uns Kinder jedes Jahr ein ersehntes Schauspiel.

Und vor Ostern, wenn man abends schon wusste, dass der nächste Tag viel Sonnenschein und Wärme bringen würde, gab es ein weiteres Spektakel im Haus und auf dem gepflasterten Hof. Alle, Vater, Mutter und wir Kinder packten mit an. Jeder kannte seine Aufgaben, musste man doch früh am Tag anfangen, es war keine Zeit zu verschenken. Die Küchenstühle wurden nach dem rasch eingenommenen Frühstück nach draußen auf den Hof gebracht. Der Vater holte die schon bereitgestellten langen Holzleitern und legte sie als „Gerüst" auf je zwei Sitzflächen der weit auseinander stehenden Stühle. In den oberen Schlafräumen hatte unsere Mutter sofort nach der Melkarbeit schon die Betten abgezogen, die Oberbetten zum Lüften ins geöffnete Fenster gelegt und alle Betttücher und -bezüge in den alten Weidenkorb gelegt, um sie später zu waschen. Jetzt halfen wir, die Federkernmatratzen, von denen jeweils drei Stück eine Liegefläche ergaben, aus den Bettgestellen zu wuchten und bis zum Treppengeländer zu schieben. Ein- oder zweimal im Jahr durften die Matratzenteile die Treppe herunter zum Flur rutschen. Entweder konnten wir dieser Fahrt von oben zugucken oder wir mussten unten in Deckung gehen, denn die Matratzenteile waren schwer, sausten schnell, aber blieben bisweilen auch in dem Winkel der Treppe hängen. Alles, was jetzt im Flur landete, auch Keilkissen oder blaue Roßhaar-Schondecken für den Sprungfederrahmen, brachten wir nach draußen. Die blaugemusterten Matratzenteile legten wir auf die Leitern, auch alles andere fand seinen Platz an der frischen Luft. Über der Teppichstange hing die grobe Rosshaar-Schondecke. Wie dankbar waren wir, wenn die Sonne stundenlang auf das lufthungrige Bettzeug schien. Mit dem Ausklopfer schlugen wir abwechselnd mit so großer Wucht auf die Matratzen, dass der Staub hinausflog. Das machten wir Kinder gerne, konnte man sich dabei doch so recht austoben. Nach dem Ausklopfen, die Teile wurden zwischendurch auch immer wieder gewendet, musste man die Flächen sorgfältig mit einer Kokosbürste in einer

Richtung abbürsten. Auch das machten wir Kinder gerne, denn es war eine Arbeit, die nur ein- oder zweimal im Jahr verrichtet werden musste. Nach der Vorarbeit ließen wir alle Teile über Mittag draußen liegen. Die Sonne hatte die Kraft, alles keimfrei zu machen.

Währenddessen ging es jetzt hinauf in die beiden Schlafzimmer. Hier hatte unsere Mutter die meiste Arbeit. In späteren Jahren, als wir schon kräftiger anpacken konnten, übernahmen wir auch einen Großteil der Putzaktion: Die großen, schweren Sprungfederrahmen wurden aus den Bettgestellen gehebelt und aufrecht an die Wand gestellt. Nun konnte man das gesamte Bettgestell von allen Seiten feucht abwischen. Unsere „Kinderbetten" waren die Betten der Großeltern aus dem 19. Jahrhundert, aus schwerem, gutem Holz gearbeitet, dunkelbraun lasiert und mit hohen, geschwungenen Kopf- und Fußteilen. Nach dem Abwaschen der Holzbetten wurde auch der große Rahmen mit den Sprungfedern gesäubert, anschließend wurde der Fußboden gefegt und aufgewischt. Der schwere Eimer mit Wasser musste die Treppe hochgetragen, das Schrubbtuch mit den Händen immer wieder ausgewrungen und um den Schrubber geschlungen werden. Nach dem Putzen holte die Mutter die frischen Bettbezüge, Kopfkissen und Leinentücher aus dem Schrank. Nachmittags trugen wir alle gelüfteten und gesäuberten Teile wieder die Treppe hoch – keinesfalls durfte sich die feuchte Abendluft in ihnen niederschlagen. Anschließend wurden Matratzen, Oberbetten und Kissen mit der frischen Bettwäsche bezogen. Wie frisch jetzt alles duftete, der Frühling war auch in die Schlafräume eingekehrt!

Das typische Geschrei hoch oben aus den Lüften ließ unsere Blicke hoffnungsvoll den Himmel absuchen. Ja, sie waren es, die Kraniche, die jedes Jahr Ende Februar oder Anfang März aus Afrika zurückkamen. Die typische, keilförmige Formation einer großen „Eins" am

Himmel hatte unsere Mutter uns Kindern schon in sehr frühen Jahren gezeigt. Sie hatte uns auch erklärt, dass die Vögel abwechselnd die Führungsposition übernehmen, um ihre Kräfte zu schonen. Wir Kinder auf dem Bauernhof lebten mit der Natur, eingebettet in den immer wiederkehrenden Ablauf des Jahreskreises, in Abhängigkeit von Sonne und Regen, Wind und Temperatur. Mit Erleichterung und mit freudiger Erwartung von besseren Zeiten empfingen wir nach dem Winter den Frühling. Jetzt war es Zeit, an die Frühjahrsarbeit zu denken. Der erste Blick morgens nach dem Aufstehen galt dem Himmel. Wie würde das Wetter werden? Die hellen Stunden mussten genutzt werden, um das Feld zu bestellen und um im Garten die Beete einzusäen. Für die erste Feldarbeit draußen war unser Vater verantwortlich, für die Gartenarbeit am Haus unsere Mutter. Den Getreidesamen und auch die Pflanzkartoffeln hatte unser Vater rechtzeitig bei der Genossenschaft geholt. Die Pflanzkartoffeln wurden gewöhnlich zum Vorkeimen im Stall oder in der Scheune ausgelegt. Waren die Kartoffeln groß und hatten sich viele Keime an den „Augen" gebildet, wurden sie auch schon mal halbiert. Kartoffelteile ohne ausgebildete Keime gab man zum Schweinefutter.

In frühen Jahren mit vorgespannten Kaltblut-Pferden, ab 1956 mit dem Traktor bearbeitete unser Vater mit dem Pflug die Ackerflächen. Nach dem Winter wurden Mist und Jauche in großen Mengen aufs Land gefahren. Zunächst musste der Boden aufgerissen und gelockert und später mit der Egge geebnet werden. Dann wurde der jeweilige Getreidesamen ausgebracht. Früher streute der Bauer den Samen noch mit der Hand aus einer kleinen Zinkwanne, die vor den Körper gebunden wurde. Mit viel Erfahrung und dem richtigen Schwung gelangten die kleinen Körner gleichmäßig auf die vorbereitete Erde. Später gab es dafür auch bei uns die Sämaschine.

Dadurch gelangten die Körner in der richtigen Menge in Reihen auf den Ackerboden. Während heutzutage die Monokultur vorherrscht, baute früher der Bauer auf den Feldern verschiedene Früchte an, die er, mit Ausnahme von Kartoffeln und Getreide, weitgehend an die Tiere verfütterte. In den fünfziger Jahren bauten wir Runkelrüben an und hatten natürlich auch einen großen Kartoffelacker. Keiner kann sich heute vorstellen, wie mühsam es war, mit gebeugtem Rücken stundenlang die kleinen Rübenpflänzchen von Hand zu „verziehen", also zu vereinzeln, wie mühsam das Hacken war, um das Unkraut einzudämmen. Auf den meisten Höfen war das die Arbeit der Frauen. Später haben wir mit einer Maschine das Unkraut zwischen den Reihen entfernen können. „Nie haben wir in den fünfziger Jahren Unkrautvertilgungsmittel angewendet", erinnert sich Helmut. Und immer, egal ob bei den Früchten des Feldes oder den Früchten im Garten, musste man hoffen und bangen, dass das Wetter mitspielte, dass es Sonne und Regen in den richtigen Mengen geben würde, dass keine Dürre, kein Ungeziefer und nicht zu viel Unkraut die Ernte gefährden würden.

Im Garten hatte unsere Mutter das Wachsen von Salat, Gemüse, Kräutern und Blumen täglich im Blick. Jetzt, im Frühjahr, ging es zunächst um das Vorbereiten des Gartenstückes und um das Aussäen der verschiedenen Samen. Im Winter war bereits überlegt worden, was an welcher Stelle, in welchen Mengen und zu welchen Zeiten ausgesät werden sollte. Dabei musste auch die Fruchtfolge, die abwechselnde „Bestellung" auf einem Gartenstück, berücksichtigt werden. Unsere Mutter war von klein auf mit Gartenarbeit vertraut und besaß ein sicheres Gespür und fundierte Kenntnisse, außerdem schonte sie ihre Kräfte nicht. Mit dem Spaten, mitgebracht aus ihrem Elternhaus auf Spieckern, hatte sie im Herbst den Boden schon einmal umgegraben. Jetzt, im Frühjahr, geschah das ein zweites Mal. So waren das Unkraut untergearbeitet und der Boden vorbereitet.

Der Vater fuhr eine Karre mit Mist in den Garten. „Da wächst schon was aus der Erde", wunderten wir Kinder uns. Richtig: kleine, grüne, fransige Blättchen erschienen aus braun-roten, dicken Knubbeln. „Das muss Rhabarber sein, den gab es ja letztes Jahr auch hier an der Stelle.", überlegten wir weiter. Für die Mutter war es jetzt wichtig, in jeder Reihe eine ordentliche Portion Mist unterzuarbeiten, denn der Boden war ausgelaugt und brauchte Dünger, um kräftiges Gemüse hervorzubringen. Mit der Harke fuhr sie vor und zurück, um die Bodenstruktur aufzulockern. Damit der Boden jetzt nicht von ihren Schuhen plattgewalzt wurde, legte sie vor dem Säen lange Bretter aus und markierte im richtigen Abstand die Saatreihen. Dazu steckte sie die beiden zusammengehörenden, mit Kordel umwickelten Hölzchen an den beiden Reihenenden in die Erde, spannte die Kordel und prüfte mit geübtem Auge, ob die Reihen gerade waren. Nun betrat sie mit einem Samentütchen die Bretter, nachdem sie vorher noch entlang der Leinen Rillen gezogen hatte. Vorsichtig ließ sie ein wenig Samen in die Rillen fallen, drückte die Körnchen mit der Kante der Harke wenig an und schob wieder etwas Erde über die Reihen. Sie erledigte sämtliche Arbeiten ohne Handschuhe. Der Garten vor dem Haus war ein typischer Bauerngarten mit klaren Strukturen. Vor der Hauswand befand sich ein schmaler Blumenstreifen, die übrige, große Fläche war als Vierteilung mit Wegekreuz gestaltet, die rechteckigen Beete waren mit Buchsbaum eingefasst. Mutters Garten war ein Prachtgarten und ernährte unsere Familie mit allem, was wir brauchten. Einige Salatsorten, wie Maikönig und Trotzkopf, wurden schon früh breitwürfig ausgesät, ebenso der Spinat. Schnittlauch und Petersilie wuchsen meist an der gleichen Stelle wie im Vorjahr wieder. Rotkohl,

Weißkohl, Wirsing, Blumenkohl, Grünkohl und Rosen-kohl gab es auch aus eigenem Anbau. Dazu musste im Frühjahr Samen ausgesät werden, nur selten wurden kleine Pflänzchen gekauft. Kohlrabi und Rote Beete, Möhren und Porree wurden ebenfalls im Frühjahr aus-gesät, und Steckzwiebeln wurden gesetzt. Ein besonders delikates Gemüse war Melde, deren Samen man jedoch nicht kaufen konnte. So ließ unsere Mutter im Herbst immer eine Staude stehen, um eigenen Samen zu ge-winnen. Paprika, Auberginen, Brokkoli und ähnliches „exotisches" Gemüse kannten wir in der Bauernfamilie nicht. Einmal durfte Marlies an einer Singefreizeit teil-nehmen und wir großen Schwestern begleiteten sie bis zur Bushaltestelle. Dort gaben wir ihr als guten Rat mit auf den Weg: „Also, Marlies, wenn du dann so lange, weiße Stangen in der Schüssel siehst – die darfst du ru-hig essen! Das ist Spargel!" Marlies brauchte sich bei der Mahlzeit nicht zu blamieren wie wir Schwestern, die kurz vorher am fremden Mittagstisch dumm hatten fragen müssen: „Was ist das denn?" In gewisser Weise lebten wir schon ein wenig „hinterm Mond".

Schon früh halfen wir Kinder unserer Mutter bei der Gartenarbeit. Natürlich gab es auch Beete, die nur für Blumen vorbehalten waren. Da gab es die wohlduftende Reseda, die süßlich duftenden, giftigen Maiglöckchen, Stiefmütterchen in vielen Farben und die streng rie-chenden, immer wiederkehrenden Ringelblumen. Wie schön war es, nach dem Winter von der kleinen Wiese oberhalb des Gartens die ersten Schneeglöckchen zu holen! Später kamen dann die kräftigen Osterglocken dazu. Auf dem Beet vor der Hainbuchen-Laube eröff-nete in den ersten Kindheitsjahren ein Rosenbogen die Blumenabteilung. Jahre später benötigten die Horten-sien mehr Platz und waren in ihrer Farbenpracht und üppigen Blütenfülle auch für Spaziergänger immer wieder ein Anziehungspunkt; sie blühten allerdings erst im Sommer und Herbst. Immer wieder hat unsere Mutter gerne Sträuße aus Hortensien- oder Fliederzweigen verschenkt und so Anderen Freude bereitet.

Familienfotos zeigen, wie wir Kleinen vom Kiesweg aus schon Samen in die Erde streuen durften. Wir atmeten den Duft ein, der von der erwärmten Erde ausging, und spürten die Hoffnung, die die eingestreuten Samenkörnchen erweckten. Mit Spannung erlebten wir das Gedeihen von Gemüse und Blumen im Garten, erfreuten uns mit den Eltern an den ersten grünen Spitzen und bekamen einen Sinn für den ewigen Kreislauf von Wachsen und Ernten. Dank dieser guten Anleitung haben wir alle drei eine große Leidenschaft zum Gärtnern entwickelt. Mit Blick auf die großen Laubbäume auf der gegenüberliegenden Straßenseite machte die Mutter jedes Jahr die uns schon altbekannte Prophezeiung: „Kommt die Esche vor der Eiche, gibt's im Sommer große Bleiche. Kommt die Eiche vor der Esche, gibt's im Sommer große Wäsche!" Schlägt also das Blattgrün der Esche als erstes aus, dann gibt es wohl einen trockenen Sommer. Im umgekehrten Fall muss man mit viel Regen im Sommer rechnen. Das war eine der alten Bauernweisheiten.

Endlich wurden die Tage wieder länger, die Sonne schien, die Vögel sangen voller Lust und es wurde wärmer. Nach dem tristen Winter präsentierte sich der Frühling mit vielen, fast vergessenen Farben. Der Duft von aromatischen Kräutern und wohlriechenden Blumen war für uns Menschen eine Wonne, das saftige Gras für die Tiere ein Genuss. Zu den heiß ersehnten Frühlingsfreuden gehörte für uns Mädchen auch, dass wir irgendwann, endlich, die langen Strümpfe und die Leibchen ausziehen durften. Weg mit den lästigen Leibchen, diesen Wäscheteilen mit Strumpfhaltern, Klammern und Spangen! Jetzt waren Kniestrümpfe dran!

Aufforsten

Der Wald wurde uns schon früh vertraut. Unten am Wiesenrand arbeitete der Vater mit der Sense, um das Farnkraut klein zu halten und Gestrüpp abzuschlagen, das in die Wiese hinein wuchern wollte. Annegret und ich, kaum größer als die großen Farnstauden, spielten hier am Waldrand Verstecken und gingen auf Entdeckungstour. Unvergleichlich und bis heute typisch war und ist der starke, durchdringende Geruch des Farnkrauts. Wenn wir uns bückten, mussten wir aufpassen, dass der Vater uns mit der Sense nicht zu nahekam. Mal fanden wir eine leere, kleine Maggiflasche, mal nur bunte Fliesenscherben, alles Schätze für unser Kinderherz. Schon bevor wir in die Schule kamen, nahm der Vater uns mit durch den Wald hin zur sumpfigen Wiese an der „Zweipfennigsbrücke". Noch immer trägt dieses kleine Brückchen diesen Namen, und noch immer erscheint mir diese Gegend sehr idyllisch. Doch früher lockte das Gelpetal wesentlich mehr Sonntagsspaziergänger an als heute. Wir aber kamen zu dritt in der Woche hierhin, zum Arbeiten. Und die Arbeit war nicht an einem Tag getan. Gerne erinnere ich mich daran, wie wir Kinder zusammen mit unserem Vater kleine Bäumchen pflanzten. Die Wiese war sehr sumpfig, und so war es aufwändig und gefährlich, das gemähte Gras auf dem Trecker-Anhänger über die ausgewaschenen, hohlwegartigen Waldwege nach Hause zu bringen. Dort, auf dieser sumpfigen Wiese im Wald, sollte aufgeforstet werden. Dabei waren wir kleinen Mädchen gute Handlanger. Papa zeigte uns die Besonderheiten eines jeden Bäumchens und machte uns auf Blattknospen und Wuchsform aufmerksam. Pappeln und Erlen gehörten auf das stark sumpfige Land, Fichten eher auf das ansteigende Stück. Erst einmal wurde eine gerade Reihe nach oben angepeilt, dann grub Papa ein Loch, etwa doppelt so groß wie der Wurzelballen. Unten in das Loch kam etwas gelockerte, kompostähnliche Erde, eventuell noch etwas Wasser aus dem Blecheimerchen, anschließend stellte er das kleine Bäumchen aufrecht in das Pflanzloch und legte vorsichtig die Wurzeln in alle Himmelsrichtungen. Dann schaufelte er genügend Erde drauf. Meine Schwester und ich hatten die Aufgabe, den Stamm schön fest zu halten und mit unseren Stiefelchen die Erde und den Aushub drumherum festzutreten. Das Bäumchen brauchte einen sicheren Stand und durfte nicht vom ersten Windstoß wieder umgepustet werden. Ein Bäumchen nach dem anderen fand so auf dieser Waldwiese seinen Platz, in gleichmäßigem Abstand immer in der Reihe. Wie schön war es, dass wir trotz unseres jungen Alters schon sinnvoll helfen konnten!

Aber auch das Spielen kam nicht zu kurz. In Sichtweite unseres Vaters durften wir in dem kleinen Flüsschen Gelpe spielen, in unseren Gummistiefeln hindurchwaten, über Steine springen, herausfinden, wie weit wir in beiden Richtungen den Bach erkunden konnten, einen kleinen Damm bauen und das Wasser stauen.

Leider gab es manchmal Sperren mit Stacheldraht und dann war es passiert, und die Mutter zu Hause jammerte: „Schon wieder die Stiefel kaputt!" Aber diese kleinen Abenteuer zu dritt waren einfach wunderbar, und wir erdachten uns dort am Bachlauf eine Traumwelt.

Die kleinen Bäumchen, die der Vater in den Wald pflanzte, stammten oft aus selbstgebastelten Anzuchtkästen, die auf dem Fenstersims hinten im Stall standen. Sie waren selbst gezimmert aus kleinen Kanthölzchen und mit alten Plastiktüten oder gebrauchter, durchsichtiger Folie umspannt. So entstand das gewünschte, feuchte Klima für die kleinen Keimlinge, die sich aus den Samen entwickelten. Sie durften nicht zu viel und nicht zu wenig Wasser haben. Waren die Setzlinge robust genug, wurden sie einzeln umgepflanzt, vielleicht in ein leeres Rübenkrauteimerchen. Nebeneinander standen jetzt die Blechdosen und Eimerchen mit den jungen Pflanzen zur täglichen Beobachtung und Pflege. Brauchten die Bäumchen noch mehr Platz, und waren sie kräftig genug für die Luft draußen, wurden sie zum Weiterwachsen hinter die Scheune in die Erde versetzt: die „Baumschule." Hier hielt sich unser Vater nach getaner Stallarbeit am liebsten auf. Wie gerne wäre er Forstwirt geworden!

Marlies in der Anzucht unseres Vaters zwischen den heranwachsenden Bäumchen.

Traktor

Anfang der fünfziger Jahre besaßen nur wenige Bauern im Bergischen Land einen Traktor. Üblicherweise zogen zwei Pferde den Wagen oder den Pflug, bei kleinen Gehöften mögen es wohl auch noch zwei Kühe oder Ochsen gewesen sein. Wir beiden Mädchen waren vier und fünf Jahre alt, als wir unseren Vater zum Landmaschinenhandel Reinshagen am Heidt in

Ronsdorf begleiten durften. Unser Vater erzählte gerne, wir Töchter hätten den Traktor ausgesucht. Aber es wird wohl so gewesen sein, dass unser Vater, der bei Geldausgaben und neuen Anschaffungen immer sehr zurückhaltend war, sich diesen Kauf monatelang überlegt hat. Er wird die Vor- und Nachteile abgewogen und sich umgehört haben, wer ihm aus Erfahrung etwas berichten konnte. Wohl kaum jemand. Wir bekamen einen grünen Kramer Diesel-Schlepper mit 17 PS und einem Viertaktmotor mit zwei Zylindern. Das Kennzeichen, das uns als stolze Besitzer auswies, lautete W – KN 7. Welch eine moderne Errungenschaft! Unser Vater hatte zusammen mit unserem Landwirtschaftslehrling Helmut Lenz die Fahrschule besucht und nach wenigen Stunden Praxis im Juni 1956 die Führerscheinprüfung bestanden, Helmut dann kurze Zeit später. Der erinnert sich heute noch gut an diese Zeit: „Ich war so froh, dass die Arbeit mit den Pferden vorbei war! Das war mir nie geheuer!"

Fritz, der früher die Zügel der Pferde in der Hand gehabt und schon als Achtzehnjähriger auf dem Kutschbock das Gespann durch Wuppertal gelenkt hatte, um seinen Vetter Ernst vom Bahnhof abzuholen, steuerte jetzt den Trecker. Schnell machte er sich mit der neuen Technik vertraut und lernte, jedes Ackergerät anzuspannen. Bald kannte er jedes Bauteil: den Motor mit der Kurbelwelle, die Kühlwasserpumpe, die Pleuelstange, den Zylinderkopf und die Ventile, das Getriebe mit der Zapfwelle, die Kupplung, die Bremsen und die Lenkung. Der Traktor war natürlich ganz anders zu handhaben als die Kaltblutpferde, die sonst das Ackergerät, den Wagen oder den Pflug gezogen hatten. Es gab kein „Hü" und „Hott" mehr, dafür musste er nun täglich, wie es empfohlen wurde, den Ölstand kontrollieren. Statt Hafer zum Verfüttern an die Pferde gab es nun Dieselkraftstoff und einen Vorglühschalter zum

Anlassen des Motors. Und immer musste er das Ölkännchen parat haben und die Schmiernippel pflegen.

Wir Töchter und auch die Mutter haben ihn sehr bewundert, wie er – den vollen Wagen Gras vorgespannt – die Anhöhe hoch bis dicht an die Silos fuhr, damit man bequem abladen konnte. Den vollbeladenen Heuwagen fuhr er meistens rückwärts über den gepflasterten Hof zur Tenne. Aber so manches Mal nahm er ihn auch vor den Trecker, um ihn in die Scheune zu fahren. Das Anlassen des Motors und das Tuckern während der Fahrt wurden uns zum wohlvertrauten und geliebten Geräusch. Der Fahrersitz des Traktors war eine einfache Sitzschale aus Metall, natürlich ohne Lehne und Komfort, alte Säcke und Zeitungen dienten zur Polsterung. Auf den „Hinterradkotflügeln" über den dicken Rädern gab es je eine Sitzbank mit umlaufendem Rohrgeländer. Fuhren wir zu viert oder fünft gemeinsam aufs Feld, konnten wir beiden großen Mädchen anfangs noch zusammen auf einer Bank sitzen. Hinten auf der durchlaufenden Eisenschiene des Traktors, der „Ackeranhängeschiene", konnte man auch im Stehen mitfahren.

Marlies auf dem Traktor.

Die meisten Wiesen, die wir bewirtschafteten, waren abschüssig. Ein Traktor hatte damals weder einen Überrollbügel noch ein Dach. Damals besaßen wir noch eine sehr abschüssige Wiese im Wald in der Nähe der eingezäunten, ehemaligen Lungenheilstätte. Wenn der Vater dann mit Mähbalken oder schwerem Gerät hinter dem Trecker auf diesen schrägen Flächen unterwegs war, hatten wir mehr als einmal Sorge, er könnte umkippen. Außer diesem schiefen Wiesenstück im Wald gab es noch die feuchte Wiese an der „Zweipfennigsbrücke" im Tal der Gelpe. Auch hier mähte unser Vater Gras, zunächst mit der Sense, später mit Trecker und Mähbalken. Die saftigen Gräser und besonderen Kräuter stellten ein gutes Futter für die Kühe dar, aber das Arbeiten hier war sehr mühsam. Die ausgefahrenen Waldwege, fast Hohlwege, bescherten uns immer abenteuerliche Fahrten mit dem Traktor und so manches Mal hielten wir, bildlich gesprochen, die Luft an, ob wir wohl mit dem beladenen Wagen heil zu Hause ankommen würden. Zum Glück fuhr unser Vater so umsichtig, dass keiner von uns auf der Fahrt jemals verunglückte. Das heißt aber nicht, dass unser Vater von Unheil verschont geblieben ist. Als junger Bauer war er von einem Pferd in den linken Oberarm gebissen worden, ein anderes Mal war er vom Wagen gefallen. Es bildete sich ein Tumor in dem betroffenen Arm. Vor die Entscheidung gestellt, ob er sich den Arm abnehmen lassen oder eine neue, risikoreiche Strahlen-Behandlung zum Erhalt des linken Arms wagen wollte, entschied er sich gegen die Amputation. Die Behandlungen mit Röntgenstrahlen zerstörten aber wichtige Gefäße im Oberarm und ließen ihn später zum „einarmigen Bauern" werden. Der Arm war ihm zwar noch erhalten geblieben, jedoch ließ er sich später wegen der schwindenden Muskeln immer weniger einsetzen. In der linken Hand sammelte sich viel Wasser, so dass auch die Hand nur noch bedingt einzusetzen war. Aber unser Vater wusste sich zu helfen. Mit der rechten Hand führte er den linken Arm dahin, wo die linke Hand zum Festhalten und Stützen noch zu gebrauchen war. Mit viel Mut, Durchhaltevermögen und Phantasie hat er auch später noch trotz zunehmender Behinderung die Landwirtschaft betrieben. Wir Töchter bewunderten und liebten ihn dafür.

Als wir klein waren, hatte Papa jedoch noch zwei gesunde, starke Arme. Gerne fuhren wir mit ihm aufs Feld und halfen etwa, einen Zaun zu setzen. Kraftvoll schlug er mit einem schweren Hammer die gespaltenen, angespitzten Eichenpfosten in gleichmäßigem Abstand in das Erdreich. Wenn wir Kinder dann beim Drahtspannen mit unseren kleinen Fingern die gebogenen Krampen aus der Pappschachtel herausfischten und einzeln anreichten, bedeutete das eine große Hilfe. Unsere kleinen Fingerchen konnten die kleinen Teilchen besser aus der Verpackung holen als der große Mann mit seinen schweren „Pranken". Wir waren stolz darauf als seine „Handlanger" fungieren zu dürfen. Wenige Jahre vorher, als es noch keinen Zaun gegeben hatte, waren die Mutter und wir Kleinen zum „Kühehüten" eingesetzt worden. Mama hatte eine Häkelnadel sowie blaue und rote Wolle dabei und fertigte beim Kühe- und Kinderhüten zwei Puppenkleidchen an.

Jahre später war der Elektro-Zaun gesetzt, und wir waren groß genug, um auf dem Hof unsere Hilfe anzubieten, etwa beim Ankuppeln von Ackergeräten. Im Frühjahr und auch im Herbst wurde der Pflug an den Traktor angehängt. Dann fuhr unser Vater Fritz beständig und geradlinig übers Feld, um den Acker umzupflügen. Die große Egge war wohl auch schon von den Pferden gezogen worden. Jetzt musste vom Schlosser die Deichsel angepasst werden, sodass das Gerät an den Traktor gekuppelt werden konnte. Das

Gleiche passierte mit dem alten Jauchewagen und dem Miststreuer. Der Verkauf von einigen Baugrundstücken brachte etwas Geld ein, und so wurden nach und nach noch weitere Maschinen angeschafft, die vom Traktor gezogen werden konnten und die die Arbeit erleichtern sollten. Der Vater wurde Maschinenführer. Er setzte alle Maschinen zur rechten Zeit ein, pflegte sie und behielt bei alldem den Überblick. Er schaute nach Wind und Wetter, berücksichtigte Bodenqualität und Fruchtwechsel, reagierte auf Trächtigkeit oder Erkrankung bei den Kühen und verfolgte Tagespolitik und Landwirtschaftsmeldungen. „Hätte ich doch so große weite Flächen wie in Mettmann. Der Lößboden dort ist so fruchtbar", wünschte er so manches Mal.

Als unser Vater in seinen letzten Lebensjahren den linken Arm nicht mehr zum Arbeiten einsetzen konnte, wurden die großen Gänge aus dem Traktor herausgenommen, aber er tuckerte immer noch im ersten Gang über die Feldwege. Er war bekannt und geschätzt als der Bauer von Holthausen. Vielleicht hatte er ein Bündel junger Bäumchen dabei und wollte sie in seinem Wald auspflanzen. Der Traktor jedenfalls war bis zum Schluss fahrtüchtig.

Sommer

Wird der Sommer mit dem Erhalt der Zeugnisse eröffnet? Sozusagen als Belohnung? Seit dem Jahr 1967 findet der Schuljahreswechsel im Sommer statt, nicht mehr zu Ostern. Mit dem Tag der Zeugnisausgabe beginnen die Sommerferien. Ob unsere Eltern im Sommer jemals in Ferienstimmung waren, so wie Erwachsene heute? Ich glaube nicht. Schon als Kinder nicht, denn auf dem Bauernhof waren Sommer und Herbst die wichtigsten Arbeitszeiten im Jahr. Jetzt entschied es sich, ob man für Mensch und Tier genug ernten konnte, um alle „durch den Winter zu kriegen". Für uns verwöhnte und unwissende Städter unvorstellbar, dass es von dem eigenen Arbeitseinsatz auf dem Feld und im Garten abhängt, aber auch von gutem Wetter, ausreichendem Regen sowie passenden Sonnenzeiten, ob alle Tiere im Winter genug zu fressen und alle in der Familie genug zu essen haben. Dazu musste das, was auf dem Feld oder im Garten gesät worden war, gehegt und gepflegt werden, damit alles wachsen und reifen konnte. Wir waren Selbstversorger. Wir in der Familie und auch unsere Tiere lebten von dem, was draußen wuchs. Das ständige Hacken war notwendig, um die Unkräuter einzudämmen und fernzuhalten. Unkraut nahm der Kulturpflanze Platz und Nährstoffe weg, das galt für die Pflanzen auf dem Feld ebenso, wie für die im Garten. Wie viel Arbeit zur damaligen Zeit von Hand, ohne große Maschinen verrichtet wurde! Unsere Mutter war jetzt fast täglich im Garten tätig, um mit der kleinen dreizinkigen Hacke oder der Platthacke „gut" und „böse" zu sortieren. Vom ausgesäten Salat mussten kleine Pflänzchen auf freigewordene Gartenstücke umgepflanzt werden. Das Sommergemüse wurde ausgesät. Aber fast noch wichtiger war die Arbeit auf dem Feld, wo Kartoffeln gehackt und Runkelrüben vereinzelt werden mussten. Mit den Runkeln wurden im Winter die Kühe durchgefüttert.

Ganz frühe Kindheitserinnerungen habe ich daran, wie wir Gras von der sumpfigen Wiese an der „Zweipfennigsbrücke" geholt haben. Zur Entwässerung war die Wiese von schmalen Wassergräben durchzogen. Oftmals patschten wir beiden Mädchen, Annegret und ich, in einen der Gräben hinein. Wie mühsam mag es für die Eltern gewesen sein, hier das Gras zu mähen und zusammenzuharken. Der Ertrag kann die Arbeit kaum gelohnt haben, aber man ließ nun einmal nichts umkommen. Die Anfahrt durch den Wald, die Arbeit auf dem Wiesenstück, das Aufladen auf den Wagen und die Rückfahrt dauerten viele Stunden, und so hatte sich unsere Mutter etwas ganz Besonderes überlegt und zu Hause vorbereitet, um uns an diesem Tag bei Laune und bei Kräften zu halten. Im Quellwasser hatte sie ein großes Glas Apfelmus kaltgestellt. Und so gab es an diesem sonnigen Mittag Pfannkuchen mit kaltem Apfelmus. Für die von der Arbeit erschöpften Eltern waren diese bestimmt genauso wohlschmeckend, wie für uns Mädchen, die wir vom Spielen erhitzt waren. Zu dieser Mahlzeit, die mir als eine der schmackhaftesten meines Lebens in Erinnerung geblieben ist, tranken wir das kühle Quellwasser.

Köstlich waren auch die Früchte, die es im Sommer oft in Mengen gab, und von denen man beim Pflücken essen durfte, so viel man wollte. Zuerst waren die Süßkirschen von dem „Riesenbaum" im „Hühnerpark" dran. Etwas später kletterten wir dann in den kleineren Baum mit Sauerkirschen, der im Frühjahr so schön weiß geblüht hatte. Der stand im Gartenstück neben dem alten Flieder im „oberen Garten". Wir verzogen zwar über den sauren Geschmack der Früchte ein wenig die Miene, aber später wurden sie mir sehr kostbar. Der Sommer schmeckte einfach gut! Natürlich war der Sommer auch die Zeit der Getreideernte. Als wir noch Pferde hatten, wurden Hafer und Gerste zur späteren Verfütterung gemischt ausgestreut. In späteren Jahren war es hauptsächlich Roggen, der auf den Feldern an der Luhnsfelder Höhe ausgesät wurde. Hier war das Land nicht so abschüssig. Wogende Kornfelder, sonnengereifte Körner, eine Vielzahl an jedem Halm – das war schon ein erhebender Anblick! Welch ein Glück war es dann in den sechziger Jahren, wenn der Ronsdorfer Lohnunternehmer an einem heißen Tag Zeit für uns eingeplant hatte und mit seiner Erntemaschine kam.

Mit dem Bindemäher – im Bergischen Land sagte man „Selbstbinder" – konnte Bauer Böckmann bei einer Fahrt über das Feld gleichzeitig mähen, das Getreide aufnehmen, es mit einer Kordel zu Garben binden und diese wieder auswerfen. „Klack, klack, klack" machte die Maschine, und schon lagen die Garben wohlgeordnet in einer Reihe auf dem Feld. Jetzt musste man sie nur noch zu viert oder fünft gegeneinander aufstellen zu sogenannten „Hocken", damit sie weiter trocknen konnten. Auf keinen Fall durfte es „reinregnen".

Ein Sommerspaß für uns drei Kinder fand bei heißem Wetter auf der gepflasterten Hoffläche statt. Unser Vater hatte einen langen Wasserschlauch an den Wasserhahn im Stall angeschlossen und am Ende eine Brause aufgesetzt. Diese provisorische Außendusche wurde an der Teppichstange befestigt, und wir Kinder konnten uns an heißen Tagen abkühlen. Herunterlaufendes Wasser wurde noch in einer kleinen Zinkwanne aufgefangen. So konnten wir uns unbekannten „Freibadgefühlen" hingeben. Marlies trug eine kurze „Pluderhose", wir Großen stolz unsere Badeanzüge, durften wir doch seit einiger Zeit in die Ronsdorfer „Bada" gehen, alle Frauen und Mädchen damals selbstverständlich mit Badekappen. Diese „Städtische Badeanstalt" von 1885 war eine der ersten im Bergischen Raum. Zu Beginn badeten Männer und Frauen getrennt. Wir beiden großen Mädchen waren recht erstaunt, fast ungläubig, als unsere große Cousine Lieselotte uns erklären wollte, wie es in der Badeanstalt zugeht: „Da ist ein ganz großes Wasserbecken zum Schwimmen. Ihr Beiden müsst zuerst eine lange Treppe hochgehen. Da oben ist es so ähnlich wie in der Umkleide von der Turnhalle. Da müsst Ihr euch mit den anderen ausziehen und die Badeanzüge anziehen. Das ist die Galerie." „Nackt ausziehen vor Fremden?", dachten wir. „Das machen wir nie!"

Solange ich denken kann, gab es in unmittelbarer Nachbarschaft jährlich am ersten Wochenende im Juli ein fröhliches Ereignis, an dem wir ab dem Schulalter teilnehmen durften: die „Sängerkirmes", auch bekannt unter dem Namen „Bienenkirmes" (diese „Bienenkirmes" wurde schon Anfang des 19. Jahrhunderts ausgerichtet und war in ihrer Art ein Jahrmarkt, die einzige „Bienenkirmes" im Großherzogtum Berg). Sie hatte schon immer auf den „Holthauser Höhen" ihren Platz. Auf der großen Wiese an der Holthauser Straße (damals noch nicht bebaut) fanden für Kinder Sackhüpfen und andere lustige Spiele statt. Ein Sangesmitglied hatte sich ein buntes Clown-Kostüm mit vielen Taschen angezogen und verteilte „Klömkes" (Bonbons). Köstliche, warme Berliner Ballen wurden vom Bäcker auf Bestellung in jedes Haus auf Holthausen getragen. Die Frauen der Sangesbrüder backten auf dem Außengelände der Gastwirtschaft Reibeplätzchen in großen Mengen und die Hungrigen warteten in langen Schlangen. Laut ertönte die Stimme des Mannes, der das Schnurrrad drehte und die Zahlen der Gewinnnummern verkündete. Das war spannend! Mit hochrotem Kopf fieberten wir oftmals der Auslosung entgegen. Als ich einmal einen kleinen Stoff-Löwen gewann, war ich sehr glücklich. Der gehörte jetzt mir allein. Allzu viel Geld ließen wir Kinder aber nicht auf der Kirmes, und wir merkten auch, dass Papa und Mama diese Glücksspiele nicht guthießen. Die Eltern verhielten sich gegenüber dem „Gesangsverein Eintracht" jedoch trotzdem sehr hilfsbereit. Sie gewährten in dem niedrigen Bereich über dem Pferdestall Lagerraum für Biertische und Bänke, sowie Parkfläche auf dem Hof. Am Samstagabend standen wir dann – im wahrsten Sinne des Wortes – aufrecht im Bett. Am schönsten war es bei klarem Himmel und Dunkelheit. Endlich war es an der Zeit für den Höhepunkt der Kirmes: das Feuerwerk, ausgerichtet von der Ronsdorfer Firma Moog-Nicolaus. Sprühende, bunte Lichtspiele!

Das laute Geknall ließ uns Mädchen wohlig erschauern. Im dünnen Nachthemd standen wir am Kopfende des Bettes und drückten uns an der kleinen Scheibe des Ausstiegsfensters die Nasen platt. Die große, weite Welt war zu uns gekommen – als Kirmes mit Feuerwerk!

Heuzeit

Zweimal habe ich es später noch probiert. Es sollte wieder so gut schmecken wie früher. Mit Freude hatte ich die blau-weiße Verpackung wiedererkannt. Damals hatte dieser Durstlöscher uns allen doch so gut geschmeckt! Zwei Pakete habe ich später noch gekauft und deren pulvrigen Inhalt, nach Überschreiten des Verfallsdatums, auf den Kompost geworfen.

„Heueinfahren" stellten sich die Nachbarkinder recht lustig vor. Sie sahen nur, dass die ganze Bauernfamilie mit hochbeladenem Heuwagen von der Wiese durch Holthausen nach Hause fuhr. Kaum jemandem war bewusst, dass es eine langwierige, ja manchmal sogar vergebliche Arbeit war, das Gras trocken zu kriegen, das Heu auf den Wagen zu stapeln, so hoch beladen, dass der Wagen fast schaukelte. In unserer Kindheit gab es manche Sommer, die verregnet waren, da mussten wir wieder und wieder das nass gewordene Heu wenden, in der Hoffnung, dass es noch trocknen würde. Anschließend nahmen wir die Heugabel, schoben das Heu in der Reihe vor uns zusammen und setzten es „auf Kotten", indem wir es zu festen Haufen zusammendrückten. So wurde bei Regen wenigstens nur die äußere Schicht Heu nass. Später musste es dann wieder gestreut und gewendet werden. Nur ganz trockenes Heu war ein gutes Futter, feuchtes Heu konnte sich beim Lagern entzünden und die Scheune in Brand setzen. Davor hatten alle Angst. Was sollte man mit dem immer wieder nass gewordenen Heu machen? Man konnte es nur noch als „Silofutter" gebrauchen, gelagert und haltbar gemacht, vergleichbar mit der Herstellung von Sauerkraut. Wir hatten drei große, in die Erde eingelassene Silobehälter zur Lagerung von Gras (im Unterschied zum Heu). Verschlossen mit fast quadratischen, riesig großen Metalldeckeln. Durch die vier Griffe der Abdeckung legten wir einen Holzknüppel und hebelten so den stabilen Deckel auf das Nachbarsilo. Oftmals setzte der Vater den großen Anhänger mit Gras vor die Treckerschnauze und fuhr den Wagen so dicht wie möglich an die Silobehälter. Dieses Rangieren den steilen Hang hoch war unwahrscheinlich schwierig, aber unser Vater schaffte es mit bewundernswerter Ruhe. Auf einer langen Leiter stiegen die Mutter und wir größeren Kinder in Gummistiefeln in den etwas unheimlichen „Schlund" hinein. Der Silo-Behälter war noch leer und bestimmt drei Meter tief. Zuvor hatte unser Vater den übel stinkenden Boden und die Wände der Silos geschrubbt und gesäubert. Das Gras auf dem Anhänger war schwer und nass und konnte jetzt mit der Gabel von oben in die riesigen und tiefen Behälter hinuntergeworfen werden. Das Gras musste in Lagen festgetrampelt werden, über jede Lage wurde ein Mittel gestreut, welches die Gärung beschleunigte. Denn nur durch die Gärung blieb das Gras haltbar und konnte dann im Winter an die Tiere im Stall verfüttert werden. War ein Silobehälter bis auf etwa einen oder anderthalb Meter gefüllt, durften wir uns hin und wieder einen besonderen Spaß machen: Zusammen mit unserer jüngeren Spielkameradin Renate sprangen wir zu dritt von oben über die Kante in das Silo. Das feuchte Gras federte gut, aber es stank schon ein wenig. Und so bekam Renate regelmäßig zu Hause von ihrer Mutter geschimpft. Im Winter musste die schwere, oftmals dampfende und stinkende Silage mit Kraft auseinandergezogen und von unten wieder hinaufgeworfen werden. Schon als Kinder fuhren wir schwer beladene und schaukelnde Schubkarren voller Silofutter in den Stall zu den Tieren.

Das Heumachen bedeutete Arbeit für die ganze Familie und für alle Helfer, die sich anboten, mitzumachen. Lange Zeit musste alles in Handarbeit erledigt werden. Welch eine Freude und Erleichterung war es, wenn das Wetter tagelang sonnig blieb und das Heumachen auf Anhieb gelang! Aber es war auch aufreibend, mühsam und für alle Beteiligten enttäuschend, wenn man immer wieder von vorne anfangen musste, weil es „reingeregnet" hatte. Unser bergisches Wetter hat uns oftmals einen Strich durch die Rechnung gemacht. Als wir Kinder waren, fuhr unser Vater mit dem Traktor und rechts angesetztem Mähbalken aufs Feld, um das Gras zu schneiden. Diese Arbeit fing schon im Mai an, wenn der „erste Schnitt" gemacht wurde. Vor den fünfziger Jahren mussten die Männer frühmorgens mit der Sense zur Wiese gehen, denn das Gras musste mit der Hand geschnitten werden, wenn noch Tau darauf lag. So ging es besser. Ruhig und mit gleichmäßigen, gekonnten Bewegungen fuhren die Männer mit den Sensen die Grasreihe entlang. Wenn das nasse Gras platt auf dem Boden lag, begann die Arbeit der Frauen und Kinder. Das gemähte Gras musste mit der Heugabel aufgewirbelt und in der Luft gewendet werden, damit es dann am Boden trocknen konnte. Keiner kann sich heute noch vorstellen, welche Mühe es war, das Gras einer großen Wiese zu wenden; wie viele Stunden, wie viele Tage die Bauersleute früher damit beschäftigt waren. Anschließend musste das Heu mit einer Holzharke von beiden Seiten auf Reihen gezogen werden – eine Arbeit für viele Frauen. Bald übernahm der Schlepprechen, zunächst von Pferden gezogen, diese Arbeit. Das Heu einer Reihe musste man aber immer noch mit der Gabel zusammenschieben, am Wagen anreichen und aufladen. Eine mühsame Arbeit! Gut, dass in unserer Familie Mitte der fünfziger Jahre der Traktor angeschafft worden war und auch bald ein „Kreiselheuer", ein Heuwender mit langen, sich drehenden Metallzähnen, mit dem Gras oder Heu breitflächig in die Luft gewirbelt und gewendet wurde. Außerdem erwarb der Vater später eine Maschine mit rotierenden, langen Reihen von Metallzähnen, einen Schubrechenwender, der an den Traktor angehängt wurde. Mit diesem Gerät konnte man das Heu maschinell wenden und auf gerade Reihen ziehen.

Der erste Schnitt erfolgte im Mai, der zweite Schnitt, „Grummet" genannt, im Sommer. Manchmal gab es sogar noch einen dritten Schnitt, wenn das Gras vor dem Wachstumsende noch mal genügend gewachsen war. In der Sommerhitze war das eine anstrengende Arbeit: Heu wenden, Ränder harken, Kotten setzen, Heu aufladen. Wie froh waren wir alle, wenn es dann eine Pause gab. Wir wussten, wo die Blechkanne, angelehnt an einem Zaunpfosten, im schattigen Gras stand. Zwei Liter „Lindes-Kaffee", versetzt mit Milch, wurden jetzt friedlich geteilt. Wir schütteten ihn zum Trinken vorsichtig in den etwas zerbeulten Deckel der Kanne, und dann konnten wir uns abwechselnd erfrischen. Kaffee-Ersatz-Pulver aus der blau-weiß gepunkteten Verpackung, das war der Grundstoff für dieses Getränk bei der Arbeit draußen. Es war nichts Besonderes, es war nicht eisgekühlt, aber es war ein köstlicher Durstlöscher bei der Heuarbeit. Es gab keine Flasche Leitungswasser für jeden, denn das Wasser war, so glaubte man, zum Trinken zu unsauber.

Einmal waren wir in der Heuzeit zu viert an der Holthauser Straße auf einer Wiese, die wir gepachtet hatten. Die Straße, die an der Wiese vorbeiführte, hieß damals „Am Sonnenschein" und wir beide, Annegret und ich, fühlten uns wie im siebten Himmel, als wir von der benachbarten Familie Kaisers herübergerufen wurden und in ihren Liegestühlen Platz nehmen durften. Das war noch nie dagewesen! Viele Jahre später passierte es dann doch noch mal: Wir durften uns auf unserem Hof zwischen dem Heu, das dort ausgelegt war, in rotgeblümten Liegestühlen sonnen – wenn die Sonne nicht gerade durch Wolken verdeckt war. Das Heu, das schon fast in der Scheune angekommen war, hatten wir auf der Hoffläche noch einmal zum Nachtrocknen ausgebreitet. Es war auf dem Feld schon mehrmals nass geworden. Denn vor dem Lagern wurde das Heu genau geprüft. Waren die Halme trocken genug? Ließen sie sich noch biegen oder brachen sie dabei? Feuchtes Heu drohte sich nicht nur während der Lagerung zu entzünden, es hätte auch den Kühen und Rindern Blähungen verursachen können. Wenn das Wetter sonnig blieb, konnte das Heu nach zwei oder drei Tagen eingefahren werden. Notfalls musste das feuchte Heu immer und immer wieder gewendet werden und erbrachte auch nicht eine so gute Qualität. Hatte das Heu aber eine gute Beschaffenheit, trocken und gut duftend, wurde es mit der Maschine auf Reihen gezogen. Jetzt fuhr der Vater mit dem Traktor und dem angehängten, großen Heuwagen hier entlang. Er und andere Helfer nahmen mit der Heugabel von jedem Reihenende möglichst viel Heu auf und reichten die Menge vorsichtig nach oben an. Auf dem Wagen stand unsere zierliche Mutter und packte das Heu gut auf, zuerst die Ränder, dann die Mitte. Wir Kinder durften oft auf dem Wagen das aufgeladene Heu etwas festtreten oder andrücken. Im Nachhinein erscheint es mir wie ein Wunder, dass keiner von uns je heruntergefallen ist. War der Heuwagen vollgepackt, wurden noch von vorne nach hinten Stricke über die Ladung geworfen, damit das hoch gestapelte Heu besser befestigt werden konnte. Sorgfältig harkte unser Vater die Ränder des Heuwagens ab; das lose Heu sollte bei der Heimfahrt nicht herunterfallen.

Diese abgeharkten Büschel wurden dann unter den Leinen festgesteckt, denn alles sollte mit. Unser voller Erntewagen war schon ein erhebender Anblick! Und oft hockte dann die Mutter mit uns Mädchen auf der Heimfahrt hoch oben auf dem Wagen. Wir guckten uns die Welt aus luftiger Höhe an. Das war abenteuerlich und auch etwas gefährlich!

Heuernte bei der Verwandtschaft auf Marscheid.

In den sechziger Jahren konnten wir Töchter dann selber mit der Gabel Heu aufladen oder auch einen Wagen Silo abladen. Bald wurde ein Ladegerät angeschafft. Das gebrauchte Gerät mit schräg nach oben führendem Rollband wurde zwischen Traktor und Heuwagen angekuppelt. Auf dem Feld wurde das Heu maschinell aufgenommen, gepresst und, mit einer Kordel gebunden, schräg nach oben befördert. Einerseits stellte dieses Verfahren eine Erleichterung dar, da man so unten weniger Helfer brauchte, andererseits bereitete diese Arbeit im Akkord unserer Mutter aber auch Stress. Schließlich war sie diejenige, die oben auf dem Wagen die ankommenden, schweren Heuballen schnell richtig verteilen musste. Da wir zu jener Zeit das Gymnasium besuchten, musste sie die meiste körperliche Arbeit auf unserem Hof verrichten. Während Schwägerinnen und Schwester durch ihre Töchter große Unterstützung und Entlastung auf dem Hof erhielten, musste sie jetzt wesentlich mehr arbeiten, da die Eltern uns den Besuch der höheren Schule ermöglichen wollten.

Aber „Muckefuck", dieser Getreide-Kaffee aus der blau-weißen Packung, schmeckte uns Töchtern nach all den Jahrzehnten nicht mehr. Die Zeit des schweißtreibenden Heumachens war vorbei.

Obsternte

Lange Zeit gaben uns diese runden Glasgefäße Rätsel auf. Im Keller standen sie leer und nutzlos herum, unbeschadet, aber doch immer in Gefahr, zerstoßen zu werden. Als Schirmständer würden sie wohl noch taugen können. Aber wozu mag man sie wohl früher benutzt haben?

Nach dem Winter wurde zuerst der Rhabarber erntereif. Geerntet wurden immer die größten Stangen einer Rhabarberstaude, die jedes Jahr nach dem Winter wiederkam. Erstaunlich, wie lang und dick die ersten Stangen schon bald waren. Gelegentlich bekamen wir Kinder schon mal ein kleines Stück der faserigen Stange abgeschnitten, um es, in Zucker getaucht, in kleinen Bissen zu essen; so sauer, dass man sich jedes Mal schütteln musste. Immer Anfang Mai, wenn wir ältesten Mädchen unseren Geburtstag feierten, gab es den ersten frischen, saftigen Rhabarberkuchen vom Blech, von allen sehr begehrt, auch von den anderen Kindern. Denn Mama verstand es, trotz der großen Pflichten als Bäuerin, leckere Kuchen zu backen und uns einen schönen Kindergeburtstag auszurichten. Dann spielte sie mit uns und den eingeladenen Kindern „Schwarze Kunst" und „Eckenraten" und hatte dabei genauso viel Spaß wie wir. Es war für mich immer besonders schön, unsere sonst so ernste und arbeitsame Mutter fröhlich und heiter zu erleben. Draußen auf dem Hof hatte die Kinder-Gesellschaft dann genug Platz, um Kreis- und Ballspiele zu machen. Und zwischendurch durfte jedes Kind noch mal in den Flur, um sich ein weiteres Stück Kuchen zu holen. Beim Spielen schmeckte es noch mal so gut.

Im Garten konnte man unter den grünen Blättchen schon die süßen, roten Erdbeeren sehen, die auch den Schnecken gut schmeckten. Jetzt hieß es, diesen grässlichen, schleimigen Tieren zuvorzukommen. Da wir nur wenige Pflanzen dieser Art hatten, haben wir natürlich nicht beim Pflücken genascht – oder nur ganz wenig. Diese Erdbeeren ergaben dann sonntags, zusammen mit frisch gekochtem Vanillepudding, den wohlschmeckendsten Nachtisch. Hatten wir am Wochenende genug gesammelt, wurde auch schon mal ein selbstgebackener Tortenboden für den Sonntag mit Erdbeeren belegt. Das war eine seltene Köstlichkeit. Selbstverständlich haben wir damals nie Obst im Geschäft gekauft. Wir Kinder wussten genau, welche Obstsorte zu welcher Jahreszeit reif war. Wir konnten die Entwicklung der Obststräucher und Obstbäume von der prächtigen Blüte bis zur Fruchtentwicklung jedes Jahr wieder neu beobachten.

Am schönsten war es hoch oben in dem alten Kirschbaum. Auf der Obstwiese, dem „Baumhof" neben dem alten Hühnerhaus stand dieser Prachtbaum, so groß, wie ich noch nie einen Süßkirschbaum gesehen habe, voll mit dicken, saftigen roten Früchten. Als kleine Kinder sahen wir unseren Vater auf der Leiter stehen und Kirschen pflücken, einen Eimer nach dem anderen. Später durften wir dann selber in den Baum klettern, abwechselnd hielten wir die lange Holzleiter fest, die gegen den Stamm oder starke Äste gelehnt war. Bald wurden wir mutiger, und, nachdem der Vater den Stand der Leitern geprüft hatte, stiegen wir älteren Mädchen gleichzeitig hoch, um Kirschen zu pflücken. „Passt bloß auf und brecht kein Fruchtholz ab!", rief Papa. Mama hätte wohl eher gewarnt: „Passt bloß auf, dass Ihr nicht herunterfallt!" Der S-förmige, starke Metallhaken mit dem eingehängten Plastikeimer wanderte mit uns von Sprosse zu Sprosse. Bei diesen großen Früchten war das Eimerchen schnell voll, und vorsichtig stiegen wir hinab, um die Früchte in ein größeres Behältnis auf der Wiese auszuschütten. Schnell ging es wieder hinauf, diesmal noch höher, und wir reckten uns auch nach rechts und links und zogen mit einem langen Haken schlecht zu erreichende, gut tragende Zweige heran, um sie leer zu pflücken. Und essen durften wir von diesen süßen Kirschen so viel wir wollten. Das war wirklich jedes Jahr ein Fest! Die Geschwister meines Vaters hatten diesen Baum schon in ihrer Jugendzeit kennengelernt, und so war es dem Vater zur lieben Gewohnheit geworden, den Schwestern Alwine und Helene, die in der Nähe wohnten, von unserer Ernte abzugeben. Jede Familie bekam bestimmt zwei große Eimer voll. Auf allen Höfen wurden jetzt Kirschen verarbeitet. Zunächst mussten die Kirschen natürlich verlesen werden. Restliche Stiele wurden abgezupft und schlechte Früchte ausgelesen. „Zwillingskirschen", also zwei Kirschen mit verbundenen Stielchen, hängten wir beiden Mädchen, die wir ja fast Zwillinge waren, uns gerne übers Ohr. Im Herd wurden dann ein starkes Feuer entfacht und der schwere Einkochkessel mit dem Einsatz für fünf große Weckgläser auf die Platte gestellt. Die Gläser wurden in der Spülschüssel mit kochendem Wasser gründlich gesäubert und zum Befüllen auf den Tisch gestellt, Deckel und Gummiringe im Kochtopf lange ausgekocht. Mit unseren kleinen Händen konnten wir schon gut die gewaschenen Kirschen in die Gläser fallen lassen. Kaltes Wasser und auch eine kleine Menge Zucker gab unsere Mutter selber hinzu. Es durfte kein Krümelchen Zucker auf den Glasrand geraten, denn dann hätten die Deckel mit dem Gummiring das Glas nicht luftdicht verschließen können. Jetzt setzte unsere Mutter die Ein- oder Zwei-Liter-Gläser in den großen Kochkessel. Mithilfe des eingesetzten Thermometers konnte sie die Temperatur überprüfen. Nach der vorgeschriebenen Kochzeit stellte sie den Einsatz mit den vollen, heißen Gläsern zum allmählichen Abkühlen in den Flur – eine gefährliche und schwere Arbeit. Dabei musste sie immer noch aufpassen, dass wir kleinen Mädchen uns nicht näherten, denn wir konnten uns ja verbrennen. Natürlich backte unsere Mutter in der Kirschenzeit für den Sonntag Kirschkuchen, und in der Woche gab es Pfannkuchen mit Kirschen. Dabei mussten die Kirschkerne mit einer gebogenen Haarnadel herausgezogen werden. Das lernten wir Kinder schon früh, aber es blieb uns ein Rätsel, dass unserer Mutter diese Handgriffe so schnell gelangen.

Bald waren auch die ersten Johannisbeeren reif. Oben im Garten wuchsen saure Rote Johannisbeeren und herbe Schwarze. Von der roten Sorte hatten wir mehrere Sträucher. Am besten war es, wenn man schon beim Pflücken die vielen, kleinen Beeren vom Stängel „abstrippte", denn dann hatte man später nicht mehr diese lästige Arbeit. Die Beeren wurden als Nachtisch und auch für Torten gebraucht und natürlich auch zur Gelee-Zubereitung. Außerdem nahmen wir jedes Jahr einige Handvoll und füllten sie, getrennt nach Farbe, in Flaschen, um sie zusammen mit Vanille- oder Zimtstangen, Kandiszucker und klarem, 38-prozentigem Schnaps für Beerenlikör anzusetzen. Diese Flaschen wurden dann in unserem Schlafzimmer auf das Fensterbrett am Dachfenster gesetzt. Wir Mädchen bekamen die interessante Aufgabe, die Flaschen wöchentlich zu schütteln, was für die Entwicklung notwendig war – die Entwicklung des Aufgesetzten, nicht die von uns heranwachsenden Mädchen! Ein besonderes Schauspiel und für unsere Mutter eine langwierige Arbeit war das Entsaften der Johannisbeeren. Hierzu wurde der „Entsafter", ein großer, leichter Aluminiumkessel, auf den Herd gestellt. Es wurde ordentlich Feuer gemacht und unterhalten, dann schüttete unsere Mutter gewaschene Beeren in den gelöcherten Einsatz des Topfes, wegen des besseren Aromas mit Stiel und mit einigen grünen Blättern. „Jetzt, jetzt kommt er!", riefen wir Mädchen ganz aufgeregt. Wir standen gebückt, aber in sicherem Abstand, vor dem Herd. Für uns wurde es immer spannend, wenn sich unten in dem Glasröhrchen des dünnen, roten Schlauches der erste rote Saft zeigte. Mit geschickten Händen, durch Aufspreizen einer Metallklammer am kleinen Schlauch, füllte die Mutter den auslaufenden, kochenden Saft in gesäuberte Flaschen. Diese standen in passender Höhe auf dem Melkschemel, der mit einem Tuch bedeckt war. Schnell wurde eine rote Gummikappe aus dem heißen Wasser genommen und zum Verschließen über den Flaschenhals gestülpt. Jetzt war der Saft einige Jahre lang haltbar. In unserer Kindheit gab es natürlich keinen gekauften Saft und auch kein Mineralwasser. Auch tranken wir (leider) kein Wasser aus der Leitung. Gab es dann, zu besonderen Anlässen, für uns Kinder verdünnten Saft, war es gut, wenn wir die Gläser aus dem Wohnzimmerschrank bekamen. Die hatten ein Gittermuster, und so konnten wir den Inhalt genau abmessen und vergleichen, sodass auch ja alle gleich viel von diesem kostbaren Saft bekamen.

Bald waren die Stachelbeeren reif, die Sträucher wuchsen beidseitig vom Gartenweg im „oberen Garten". Damals hatten die Sträucher noch keinen Mehltau, der die Beeren verdirbt, aber natürlich immer Stacheln an den Zweigen, die beim Pflücken niemanden begeistern. Wenn die Mutter abends bei der Stallarbeit war, pflückten wir Kinder auch schon mal alleine. Es war immer gut, wenn man sich bei dieser Arbeit zwischendurch setzen konnte und mit dem Fußbänkchen beim Pflücken um den ganzen Strauch herumwanderte. Am sinnvollsten war es, einen Zweig nach dem anderen zu leeren, denn so sah man am besten den Erfolg und lernte nebenbei Ausdauer. Mit der Pflückarbeit war es natürlich nicht getan, und unsere Mutter saß nach dem Melken noch so manches Mal in der Küche, um mit einem Messerchen die Stiel- und Blütenansätze von den Stachelbeeren abzuschneiden. Wir kleinen Mädchen halfen mit, indem wir die Ansätze mit den Fingernägeln abknipsten. „Ungefährlicher!", meinte Mama. Die Stachelbeeren wurden oftmals als Belag für Pfannkuchen verwendet. Allerdings war die Zubereitung von Stachelbeerpfannkuchen eine ziemliche Herausforderung, da die Beeren viel Saft zogen, was das Wenden erschwerte. Selbstverständlich wurden Stachelbeeren auch eingemacht oder zusammen mit anderen Früchten zu Marmelade verarbeitet. Wir hatten wenige Gläser mit Schraubverschluss. Zur besseren Konservierung verwendete man zur damaligen Zeit etwas Salizyl (Einmachhilfe). Erst legte man ein dünnes, rundes Stück Pergamentpapier auf das Obst, dann streute man vorsichtig eine kleine, wohldosierte Menge des weißen Salizylpulvers darauf. Jetzt spannte man zum Verschließen Zellophanpapier mit einem Gummiring um das Glas.

Große Erträge brachten im Herbst die Apfelbäume im Baumhof. Das waren keine Halbstämmchen, sondern zumeist große Bäume. Zuerst waren die Kläräpfel reif. Der Stielansatz erinnerte mich immer an einen Bauchnabel, und so konnte ich diese Sorte gut erkennen. Die Kläräpfel eigneten sich nicht als Lageräpfel, schmeckten aber roh immer gut und ließen sich auch für Pfannkuchen, Obstkuchen und zum Kochen von Apfelmus gut gebrauchen. Ihr Fruchtfleisch war fast weiß, deshalb der Name „Klarapfel". In guten Zeiten hatten wir bestimmt zehn Apfelbäume, viele verschiedene Sorten, die wir alle kennenlernten: Cox Orange, Renetten, Jacob Lebel, Ontario und die späte Sorte Boskoop. Natürlich halfen wir Kinder schon früh mit, Äpfel aufzusammeln. Beim Pflücken wurden wir von Papa angeleitet, die Früchte vorsichtig vom Zweig zu drehen und mit Bedacht in Eimer oder Körbe zu legen. Beim Reißen hätte man zu leicht etwas vom Fruchtholz abbrechen können. Druckstellen mussten vermieden werden. Vorsichtig behandelte Lageräpfel ließen sich so im kalten Keller bis April oder Mai verwahren. An der Wand im hintersten Kellerraum gab es dafür lange Regalbretter. Durch den Einbau von Heizungsanlagen und den Verlauf von Heizungsrohren im Keller ist diese Möglichkeit der Lagerung heutzutage meist eingeschränkt. Einmal sind wir alle an einem Sonntag mit Leitern, Körben und Eimern in den Baumhof gelaufen. Wir mussten uns beeilen, um die restlichen Äpfel zu pflücken, da plötzlich Frost eingesetzt hatte. Frost hätte die gute Ernte vernichten können. In meiner Erinnerung ist dies der einzige Sonntag, an dem wir auf dem Bauernhof mehr Arbeit als das notwendige Melken und Füttern der Tiere verrichtet haben. Unsere Eltern haben das Gebot: „Du sollst den Feiertag heiligen!" gut gekannt und beachtet.

Aus den Stachelbeeren war in der Generation vorher auch Most hergestellt worden. Es waren die für die Gärung notwendigen, großen Glas-Ballonflaschen, die wir im Keller entdeckt und zu Schirmständern umfunktioniert hatten.

Herbst

Nach dem Verarbeiten der Sommerfrüchte wartete man auf die Herbsternte. Ich kann mich noch daran erinnern, dass an der Südseite des Hauses eine Zeitlang Wein wuchs. Die Trauben mit den kleinen grünen Beeren lockten auch die Wespen an, und so kann ich mich auch noch an die Stiche erinnern. Schmerzvolles bleibt besser im Gedächtnis. Aber diese für uns seltenen Früchte schmeckten, wenn sie richtig reif waren, auf jeden Fall gut. Diese Weintraubenwand blieb jedoch nicht lange erhalten, der Ertrag war in unserer rauen Gegend eben zu gering. Da war es leichter, im Herbst einen Eimer Pflaumen zu pflücken. Der Baum unten im Baumhof in der Nähe der Jauchegrube trug in jungen Jahren gut, und selbst vom Boden aus konnte man schnell die blauen Früchte pflücken. Aber Vorsicht vor den Wespen war geboten! Manchmal hatten wir eine richtige „Pflaumenschwemme" und wöchentlich gab es einen Pflaumenpfannkuchen nach dem anderen. Unser Vater freute sich ganz besonders darüber, denn das war seine Lieblingssorte. Vor der Verarbeitung musste von jeder Pflaume die „Nahtstelle" aufgeschnitten und der Stein herausgeholt werden. Das war eine etwas langwierige Arbeit. In späteren Jahren war unsere Mutter froh, wenn wir Töchter diese Arbeit übernehmen konnten.

Schon als ganz kleine Kinder konnten wir mit unserem Vater unten im „Baumhof" unter den Sträuchern Haselnüsse aufsammeln. Es war für uns ein Spaß, auf der Wiese immer neue Nüsse zu entdecken, das Sammelfieber hatte uns gepackt. Gesammelt wurde in kleine Weidenkörbchen, die unser Opa von Spieckern an Wintertagen selbst geflochten hatte. In der Küche haben wir dann gemeinsam mit unserer Mutter die Nüsse aus den Schalen herausgepult. Wenn im Herbst keine

Zeit dazu war, geschah das im Winter. Es klappte ja auch besser, wenn die äußeren Schalen angetrocknet waren. Ich erinnere mich daran, dass die harten Schalen dabei manchmal unter die Fingernägel gerieten, das war etwas schmerzhaft. Die Nüsse musste man vor dem Verzehr erst noch lagern, die feuchten, frischen Nusskerne hätten Bauchschmerzen bereitet. Am besten schmeckten dann die Nüsse vom „Weihnachtsteller", die dort zwischen Plätzchen und Schokolade lagen.

Die beiden riesigen Walnussbäume unten auf unserer „Sonntagsweide" in der Nähe zum Stall trugen nicht jedes Jahr. Wenn die Nüsse auf dem Boden lagen, steckten sie meistens noch in ihrer grünen oder braunen Umhüllung, und beim Herausholen bekam man immer braune Fingerkuppen, die sich schlecht wieder säubern ließen. Auch die Blätter enthielten viel Gerbsäure. Beim Knacken der Nüsse war es immer eine Kunst, zwei Hälften unbeschadet aus der harten Schale herauszubekommen. Aber wenn es doch gelang, war das etwas Besonderes.

Der Herbst war vielleicht die schönste Jahreszeit. Draußen war es noch verhältnismäßig warm, und es roch so gut! Das Laub verfärbte sich von Tag zu Tag mehr. Es war auch für uns Kinder eine Freude, auf die bunten Blätter zu schauen. In gelb, orange, rot und braun und allen Schattierungen leuchteten die Bäume und Sträucher. Das rote Weinlaub an den Hauswänden hatte solch eine Strahlkraft, dass es mich als kleines Schulkind einmal dazu verführte, durch einen fremden Vorgarten zu laufen und ein Blatt zu „stibitzen". Auch heute noch faszinieren mich die Farbe und die auffällige Form dieser Blätter. Früher gingen wir als kleine Kinder mit der Mutter über den Höhenweg im Wald neben dem umzäunten Gebiet der Lungenheilstätte spazieren. Es war Sonntag, und unsere Mutter war gelöst und heiter. Durch den Buchenwald zu laufen unter den majestätisch großen Bäumen, durch das herbstbraune trockene Laub zu rascheln, das gehört mit zu meinen ersten und schönsten Kindheitserinnerungen.

In der Woche, von Montag bis Samstag, gab es auf dem Bauernhof sehr viel Arbeit. Manchmal wusste man nicht, „was ist zuerst dran?" Das Kartoffelroden auf dem Feld, die Bohnenernte im Garten oder die Apfelernte im Obsthof? Das Verarbeiten der Früchte? Ich sehe meine Mutter noch im Korbsessel sitzen und mit flinken Händen Birnen schälen und in Viertel schneiden. Der Saft tropfte von den Händen herunter. Natürlich bekamen wir Kinder saftige Stückchen angereicht – köstlich! Viele dünne Scheibchen wurden auch aufgefädelt und über dem Herd zum Trocknen aufgehängt. Daraus wurde dann im Winter ein wohlschmeckender Nachtisch zubereitet. Ich kann mich kaum daran erinnern, dass unsere Eltern einmal wegen einer Erkrankung aussetzen mussten. In der Woche kam das nicht vor, jedoch schon mal am Sonntag. Wenn unser Vater „aus dem Rhythmus" kam, wurde er mehrfach im Jahr von heftiger Migräne gepeinigt. Er lag dann auf dem Sofa, geplagt von üblen Kopfschmerzen, und konnte auch kein Essen zu sich nehmen. Wir Kinder sahen das mit Erschrecken und unsere Mutter konnte kaum akzeptieren, dass Fritz nichts essen wollte. Es gab doch jetzt so viel Gutes aus eigener Ernte zu genießen! Aber für ihn war ein Schmerzmittel jetzt wichtiger.

War im Garten eine Frucht abgeerntet, wurde an deren Stelle vielleicht noch Feldsalat für den Winter ausgesät. Unsere Mutter hatte rechtzeitig Samen der Melde für die Folge-Aussaat gewonnen. Der Grünkohl konnte über den Winter stehen bleiben, er war sogar erst zu genießen, nachdem er Frost abbekommen hatte. Die freien Gartenstücke wurden jetzt von Kraut und Blättern gesäubert und umgegraben – eine anstrengende Arbeit. Mal wurde im Winter schon Mist untergearbeitet, mal erst im Frühjahr. Unsere Mutter wusste ganz genau, welches Gemüse keinen frischen Mist vertragen konnte.

Im Blumengarten mussten die angebundenen Stauden von Stock und Bändel befreit und heruntergeschnitten werden. Die runden, verblühten Dolden der Hortensien mussten aber über den Winter hängen bleiben. Es würde lange dauern, bis unsere Mutter im nächsten Jahr wieder Sträuße ihrer prächtigen Hortensien würde verschenken können. Die zarten Fuchsien mussten vor dem Frost geschützt werden. Mit Kennerblick legte unsere Mutter Mist, Reisig und Tannengrün auf die geliebten Stauden. Im nächsten Jahr würden sie mit ihren zierlichen, roten Glöckchen wiederkommen.

Im Holzschuppen war unser Vater jetzt damit beschäftigt, auf der Kreissäge Baumstämme in Scheiben zu zersägen. Mit dem Beil spaltete er sie dann weiter zu Stücken, die in den Ofen passten. Es musste Vorsorge getroffen werden für die kalte Winterzeit.

Draußen halfen wir Kinder unserem Vater beim Reparieren der Zäune. Im November war es dann meistens an der Zeit, die Rinder, die ab dem Frühjahr draußen auf der Weide gewesen waren, in den Stall hereinzuholen. Das war eine aufregende Unternehmung für die ganze Familie. Irgendwann kam unser Vater auf die Idee, die ersten beiden Tiere an den traktorgezogenen Wagen anzubinden. So wurden einige Tiere im Schritttempo von der Sommerweide geführt, und die anderen Rinder folgten durch das Wohngebiet Holthausen zum Stall. Oft war es gut, wenn noch Nachbarn halfen, denn die Rinder sollten ja nicht vom Weg abkommen. Gut, dass die weiblichen Tiere in aller Regel friedlich und willig sind. So haben wir immer die ganze Herde zum Stall treiben können. Die großen Rinder wurden im Anschluss an die Kühe unten im Stall mit Ketten angebunden und hatten alle ihren Trog für Wasser und Fressen. Die jüngeren Tiere kamen in kleinen Gruppen in Verschläge hinten im Stall und konnten sich dort in Grenzen frei bewegen. Auch die Kälber wurden rechtzeitig an das Leben drinnen im Stall gewöhnt.

Der Wechsel und die Wiederkehr der Jahreszeiten gaben uns Sicherheit. Wir waren eingebunden in den Rhythmus von Wachsen und Gedeihen, Pflegen und Ernten. Wie gut, dass nach den arbeitsreichen Monaten der ruhigere Winter eintreten würde. Müde, aber zufrieden schauten die Eltern auf die abgeernteten Felder, auf die gefüllten Scheunen, auf das Einmachgut im Keller, auf die vorbereiteten Gartenbeete. Der Winter konnte kommen!

Winter

In der kalten Jahreszeit war es von Nachteil, ein Mädchen zu sein. Mädchen hatten Kleider oder Röcke anzuziehen, „Leibchen" mit Strumpfhaltern und Strümpfen und im Winter dann Strickkleider über Baumwoll-Trainingshosen oder Baumwoll-Trainingshosen über Strickkleidern. Strumpfhosen waren noch unbekannt und auch Skihosen aus Latex mit „Steg" gab es erst später. Da war ich vielleicht schon elf oder zwölf Jahre alt. Auf Holthausen, dort, wo ich groß geworden bin, fiel fast jedes Jahr richtig Schnee. Wir mussten natürlich bei Wind und Wetter den Schulweg zu Fuß gehen, bei Schneewetter war das anstrengend genug. Oft pfiff der Wind, da war es gut, dass auf den freien Feldern zwischen Luhnsfelder Höhe und Holthauserstraße oftmals Schneezäune gegen Verwehungen gesetzt waren.

So waren wenigstens die Straßen für Fußgänger passierbar. Damals fuhren nur wenige Autos, die Luhnsfelder Höhe war noch viele Jahre ohne geschützten Gehweg und Beleuchtung, die Holthauser Straße hat auch heutzutage über lange Strecken keinen Bürgersteig. Waren wir mittags zu Hause angekommen, hängten wir unsere kleinen Ledertornister an den Nagel, zogen uns sofort die Schulkleidung aus und die Alltagssachen an. Die nasse Kleidung warfen wir zum Trocknen über Holzlatten, die über dem Ofen hingen.

Unsere Mutter mit ihren beiden erstgeborenen Töchtern im Winter 1952/1953.

Feld- und Gartenarbeit wurden im Winter eingestellt, die Natur ruhte aus. Und so hielt sich auch unsere Mutter längere Zeit in der Küche auf und hatte etwas mehr Muße, zum Beispiel auch für Näh- und Flickarbeiten. Im Winter vor unserer Einschulung hielt sie dann Wolle und Häkelnadel für uns bereit und zeigte uns die Kunst des Häkelns. „Wenn Ihr in die Schule kommt, hat die Lehrerin keine Zeit, um allen Mädchen das Häkeln zu zeigen.", war ihr Argument. Wohl wahr, und so lernten wir recht schnell schon, Luftmaschen aufzuschlagen und feste Maschen zu häkeln. Die Mutter führte zunächst unsere Hand mit der Häkelnadel, und auch am Reihenende brauchten wir noch Hilfe. Aber bald schon saßen wir ruhig zu dritt in der Küche, vertieft in eine Handarbeit. Und nach einigen Jahren konnten wir Großen dann Marlies das Häkeln beibringen. Die Liebe zum Häkeln, Stricken und Nähen nahm hier ihren Anfang. Der Winter war natürlich auch eine Zeit, in der sonntags gemeinsam Gesellschaftsspiele gemacht wurden. Wir alle liebten die ruhige Atmosphäre in der Küche.

Auch die Bauern hielten sich im Winter gerne in der warmen Küche auf, wenn es ihre Zeit erlaubte. Mein Vater hat gerne gelesen, zum Beispiel in der Fachzeitschrift „Feld und Wald", die er seit Jahr und Tag abonniert hatte. Und er schrieb lange Briefe an seinen Bruder Julius in Schleswig-Holstein, dabei nahm er immer auch die Lage der Bauern und die Weltpolitik in den Blick. Unser Opa von Spieckern hat im Winter aus Weidenruten schöne, kleine Henkel-Körbe geflochten. Meine Mutter besaß mehrere davon, einen für Wäscheklammern und einen zum Aufbewahren für Haselnüsse. Auch Annegret, Marlies und ich hatten solch ein Körbchen zum Aufbewahren unserer Spielsachen. Einmal spendete unsere Mutter Kartoffeln, Gemüse und Äpfel zum Erntedankfest für den Altar in der Kirche. Auf Drängen gab sie auch den schönen Korb mit dazu, äußerte aber den Wunsch, ihn wieder zurückzubekommen. Wie sie befürchtet hatte, ging er verloren. Den Verlust des Körbchens hat sie nie überwunden, handelte es sich doch um ein Andenken an ihren lieben, verstorbenen Vater.

Natürlich nutzen die Bauern auch die Winterzeit, um ihre Maschinen zu kontrollieren und zu reparieren. Fritz hatte von seinem Vater schon viele Werkzeuge geerbt und noch weitere dazugekauft: mehrere Hämmer, verschiedene Zangen, auch „Beißzangen", Schraubendreher, passende Schraubenschlüssel, darunter auch

Ringschlüssel. Bohrer wurden ebenfalls oft benötigt, natürlich waren es Handbohrer, keine elektrischen. Unser Vater konnte jedes Werkzeug geschickt einsetzen und wusste auch, wo noch ein Tröpfchen Öl fehlte, denn viele Maschinenteile oder Radaufhängungen mussten geschmiert werden. Meißel und Raspeln gehörten auch zu seinen „Schätzen", ebenso wie Schraubzwingen, Schraubstock und Amboss. Des Weiteren besaß er Sägen für verschiedene Zwecke und auch sogenannte „Treiber", Metallkeile, die zum Fällen eines dicken Baumes notwendig waren. Jetzt, im Winter, war die richtige Zeit, um Bäume aus dem Wald zu holen, da das Holz keinen Saft mehr hatte. Ich erinnere mich noch gut daran, wie wir zu viert in den Wald gingen. Da staunten wir Schwestern, wie ausdauernd und kraftvoll unsere Eltern mit der großen Bandsäge den dicken liegenden Stamm durchsägten (ohne Motorsäge, die wurde erst später angeschafft) und wie gut sie dabei aufeinander eingespielt waren. In den „Schobben" (Holzschuppen), den man durch eine Holztüre hinten rechts im Stall erreichen konnte, durften wir Kinder in den ersten Jahren nie hinein. Hier stand die große Kreissäge, und wenn der Vater diese Maschine bediente, brauchte er volle Konzentration.

Im Winter 1953/54 war es „bitterkalt", wie sich unsere Mutter im Fotoalbum ausdrückte. Es zog durch alle Fensterritzen und unter den Türen her. In der Küche waren die Fensterscheiben von innen gefroren. Es gab – für heutige Verhältnisse unvorstellbar – Eisblumen auf der Fensterscheibe, die wir Kinder versuchten, weg zu hauchen. Gegen kalte Händchen hatte uns unsere Mutter Schüsselchen mit warmem Wasser in der Küche bereitgestellt, und wir spielten bevorzugt in der Nähe des Ofens. Auch die Schlafzimmer waren kalt, und ich kann mich noch genau daran erinnern, dass abends in der Küche Backsteine hinter die Klappe in das

Backofenfach des Kohle-Herds gelegt wurden. Mussten wir ins Bett, wurde ein heißer Ziegelstein in ein altes Handtuch gewickelt und kam eine Zeitlang vor dem Schlafengehen ins Bett, sodass wir es beim Schlafen wenigstens etwas warm hatten.

Aber die Arbeit im Kuhstall musste von den Eltern natürlich erledigt werden, egal, wie kalt es war. Die Tiere mussten gefüttert werden. Täglich wurde Heu von oben aus der Scheune gezogen, auch die Streu unter den Kühen musste regelmäßig erneuert werden. Das alte Stroh wurde in die Jaucherinne hinter die Kühe geschoben und dann jeden Tag mit dem Kuhdung durch die beiden kleinen Holztüren auf „die Miste" geworfen. Zweimal am Tag wurden die Kühe gemolken. Ihre großen warmen Leiber heizten die Luft im Kuhstall etwas auf. Beim Wiederkäuen dampfte aus den Mäulern sichtbar der Atem. Bei sehr niedrigen Außentemperaturen hängten die Eltern alte Decken oder auch schwere Mäntel von innen an die Kuhstalltüren, um die Kälte fernzuhalten. Alle zwei Tage musste aber das große Schiebetor aufgestoßen werden, damit Silage zum Verfüttern von draußen hereingeholt werden konnte. Gegen kalte Füße steckte sich unser Vater Stroh und Zeitungspapier in die Schuhe oder Stiefel. Verschiedene Wollsocken-Paare hingen zum Erwärmen stets an der linken „Umlaufstange" am Herd. So konnte Fritz immer mal die Socken wechseln, wenn die Füße zu kalt waren. Und die wurden schnell zu kalt. Dann hieß es aus der Küche wie immer: „Dür tau!" (Tür zu) Es zog aus dem unbeheizten, kalten Flur, wenn wir Mädchen mal wieder die Küchentür offengelassen hatten.

Ja, auch im Winter gab es viel Arbeit für die Erwachsenen. Da konnten wir Kinder uns schon eher den Winterfreuden hingeben: Schlittenfahren, später auch Skifahren. Auf den abschüssigen Wiesen am Pöttgesbach und auf unserer Kuhweide mit Blick auf Cronenberg trafen sich meist viele Kinder. Dick eingepackt in Lodenmäntelchen, Schal, Mütze und Handschuhe ging es dann auf die Schlittenbahn, meistens zu zweit auf dem Holzschlitten. „Bahn frei!", ertönte dann der wohlbekannte Ruf über die Rodelwiese. Schon mal wurden auch zwei Schlitten aneinander gespannt, und auf den Sprungschanzen flog man ordentlich in die Höhe oder auch ungewollt zur Seite in den Schnee. „Wenn es dunkel wird, dann müsst Ihr nach Hause!", war die Regel unserer Mutter. Natürlich hatten wir keine Uhr, und unsere Mutter hatte keine Zeit, uns abzuholen, denn sie war schon wieder emsig in der Küche oder im Stall. Es konnte allerdings auch passieren, dass wir weinend etwas früher nach Hause kamen, nicht, weil wir uns verletzt hätten, sondern weil wir in unseren Gummistiefeln eiskalte, schmerzende Zehen bekommen hatten. Wie schön, wenn wir uns dann in der Küche vor den Ofen setzen konnten. Mama hatte schon die Backofenklappe geöffnet und wir legten unsere nackten Füße hinein. Wie wohl die Wärme tat!

Weihnachten

Kein Fest kann je wieder so schön werden. Diesen Zauber, diese freudige Erwartung können nur Kinder so empfinden. Diese Geheimnisse, die Vorbereitungen, die man beobachtete oder die man mit Vater oder Mutter selbst traf, waren Teil dieser gespannten, hoffnungsvollen Vorfreude. Mit allen Sinnen konnte man diese Stimmung erfassen. Und es gab sichtbare Zeichen, dass man sich diesen außergewöhnlichen Festtagen im Kirchenjahr näherte.

Da war der jährlich erwartete, immer gleiche Adventskalender: Zwei Männer mit Rauschebart und

Reisigbesen fahren durch den Himmel. Der Weihnachts-
mann und Knecht Ruprecht auf dem großen Schlitten,
vollgepackt mit Geschenken. Das Bild mit etwas Glit-
zer und Sternchen, 24 Türchen, teils etwas eingerissen,
deren Öffnen das erfolgreiche Verstreichen eines weiteren Tages zum Christfest hin anzeigte. Jedes Jahr immer wieder diese beiden gleichen Adventskalender für
Annegret und mich, waren für uns die größte Freude.
Sie wurden an dem kleinen Radio-Regal über dem Küchensofa festgeklemmt. Und bald fand sich hier noch
Platz für den dritten Adventskalender, ein anderes Mo-
tiv für Marlies. Zum Nikolausfest dann entdeckten wir,
meistens auf dem Fensterbrett in der Küche, drei große
Spekulatius-Nikoläuse.

Bestaunten wir morgens durch das Fenster einen
wunderschön rotglühenden Himmel, das Morgenrot,
so hieß es: Die Engelchen backen für Weihnachten!
Eine verwunschene Zeit voller Träume. Auch die bunten Zeitungsbeilagen, die es damals hin und wieder
schon gab, versprachen mit der Spielzeug-Werbung,
mit den Abbildungen von Puppen und Bären, eine Zeit
der Wünsche. Und irgendwann, als wir das Schreiben
lernten, fingen wir auch an, Wunschzettel zu schreiben
und zu malen. Aber die Wünsche waren im Gegensatz
zur heutigen Zeit eher bescheiden. Was Kinder heutzutage auch noch gerne machen, ist das Plätzchenbacken in der Vorweihnachtszeit. Da unsere Mutter mit
uns nicht im Lebensmittelladen einkaufen ging, blieb
uns der Anblick der frühzeitigen Überfülle von Plätzchen und Schokoladen-Weihnachtsmännern in den
Geschäften erspart. Da gab es keine Dominosteine und
Vanillekipferl zur Herbstzeit und kein Quengeln an der
Kasse. Wie glücklich waren wir Kinder mit der Mutter
in der Küche, wenn es dann endlich so weit war: Der
gusseiserne Fleischwolf, ergänzt um den Schieber fürs
Plätzchenbacken, wurde an der Tischplatte befestigt,

der Mürbeteig unter Zusatz von einigen Spritzern Zitronenaroma geknetet, das Backblech auf dem Tisch bereitgestellt. Wir Mädchen durften abwechselnd die Kurbel drehen, die Mutter drückte den Teig mit der genügenden Kraft und Vorsicht in den Trichter der Gebäckpresse. Gespannt starrten wir jetzt auf die Öffnung und erwarteten das erste Stück Teig, das sich wohlgeformt durch das enge Loch quetschen würde. Jubel, wenn es endlich so weit war. Man konnte unter drei Formen auswählen. Schnell musste man den Teig in „manierlicher" Größe mit einem Messer abschneiden und in schöner Form, „Schwanenhals", Kringel oder Rechteck aufs Backblech legen. Jetzt kam der Elektroherd zum Einsatz. Die Vorweihnachtszeit, das war seine große Zeit! Denn gewöhnlich, zum Heizen und Kochen, gebrauchten wir den alten Kohle-Herd. Welch ein verheißungsvoller Duft jetzt beim Backen durch die Küche zog! Und das eine oder andere „verunglückte" Plätzchen durften wir dann auch schon mal naschen. Eine Köstlichkeit auf der Zunge! Süß und noch warm. Viele Bleche Plätzchen verschwanden so eins nach dem anderen in den Backofen. Von restlichen Teigmengen, die nicht mehr durchgedreht werden konnten, stellten wir dann eine andere Sorte her: gefüllte Kugeln. Dabei konnten wir Kinder auch gut helfen. Zuerst wurden kleine Kugeln zwischen den kleinen Händen gedreht, dann mit der Fingerkuppe des Zeigefingers ein kleines Loch eingedrückt, diese Seite in verquirltes Eigelb getaucht, anschließend in einen Teller mit Haferflocken gedrückt und in jedes Löchlein mit zwei kleinen Löffelchen etwas rote Marmelade abgestreift. Unsere Mutter hat früher große Mengen an Weihnachtsplätzchen gebacken und in großen Töpfen und Dosen die „Treppe hoch" in der oberen Etage verwahrt. Alle aus der Verwandtschaft bekamen dann zu Weihnachten etwas davon ab, und wir Kinder waren gespannt auf die Weihnachtstüten der Tanten.

In jener Zeit gingen wir Kinder einige Tage vor Weihnachten mit unserem Vater in den Wald. Wir hatten eigene Waldgrundstücke, und hier liefen wir hin und her und schauten uns genau und von allen Seiten die Tannenbäumchen an. Welches hatte die richtige Größe und war auch schön und gleichmäßig gewachsen? Der Vater hatte ein Beil mit, und nach gemeinsamer Beratung schlug er dann ein Tannenbäumchen. Wie eine Trophäe trugen wir abwechselnd den Tannenbaum wohl eine halbe Stunde lang nach Hause. Mit vor Kälte hochroten Bäckchen kamen wir glücklich bei der Mutter an, die uns vielleicht schon mit frisch gebackenem Pfannkuchen erwartete. Jahrelang gehörte dieser Gang mit unserem Vater zu den ganz besonderen vorweihnachtlichen Erlebnissen.

Irgendwann, wenige Tage vor Weihnachten, war auf einmal das Wohnzimmer, das „Weihnachtszimmer", verschlossen. Es war wohl das einzige Zimmer im Haus, zu dem es noch einen Schlüssel gab. Was tat sich hinter dieser Tür im Verborgenen? In den schönsten Bildern malten wir uns die Pracht aus, die sich bald zeigen würde. Ob das „Christkind" unsere Wünsche wohl erfüllen würde? Und dann, am ersten Weihnachtstag, nach dem Festgottesdienst in der Lutherkirche, war es endlich soweit. Wir Mädchen saßen mit der Mutter, alle in hübschen Kleidern, in der Küche und warteten. Wo war unser Vater? Endlich hörten wir das Glöckchen aus dem Wohnzimmer, die Türe wurde von innen aufgestoßen und mit leuchtenden Augen konnten wir hineingehen. Wie jedes Jahr stand mitten auf dem Tisch ein wunderschön geschmückter Christbaum mit silberfarbenen Glöckchen und Kugeln, mit Metallvögelchen auf den Zweigen und echten Wachskerzen in den alten Klemmhaltern. In den ersten Jahren gab es noch Lametta, in langen Streifen wohl verteilt aufgehängt und übers Jahr, sorgfältig in Streifen zusammengelegt, verwahrt.

Jetzt, am ersten Feiertag, war Weihnachten auch bei uns angekommen. Denn die Bescherung fand wegen der Stallarbeit und der Festtagsvorbereitungen bei uns nie am Heiligen Abend statt. Die ersten Gaben, die wir sahen, waren die „bunten Teller", für jeden von uns an dem erwarteten Stammplatz unter dem Tannenbaum. Außer dem Selbstgebackenen gab es für jeden einen leuchtend roten Apfel, eine Apfelsine und eine Tafel Schokolade, die unser Vater sich über mehrere Wochen am besten einteilen konnte. Zuerst sangen wir einige der bekannten Weihnachtslieder, und der Vater las die Weihnachtsgeschichte aus dem Lukas-Evangelium vor. Später, als wir älter wurden, wurde das unsere Aufgabe. Irgendwann sagte dann die Mutter: „Jetzt dürft Ihr Eure Geschenke suchen und auspacken". Mit vor Aufregung roten Wangen machten wir uns ans Werk! Da gab es Geschenke, die uns beiden, Annegret und mir, gemeinsam zugedacht waren, wie zum Beispiel die Puppenstube oder auch das Elferraus-Spiel. Doch manchmal waren auch ganz persönliche Geschenke darunter. Ich war wohl schon im 2.Schuljahr, da trat bei mir der Wunsch nach einem Glockenspiel auf. Welch eine Freude, als ich dann dieses kleine Musikinstrument auspacken und einige Töne spielen konnte! In einem anderen Jahr erhielt ich ein Paar Skier, und ich konnte es kaum fassen, dass ich im Wohnzimmer auf dem Teppich mit den Skiern von der einen Seite zur anderen und wieder zurück gleiten durfte – im „Weihnachtszimmer", das doch ein ganz besonderes war.

Den schönsten Christbaum gab es wohl auf Spieckern, im Geburtshaus unserer Mutter. Welch eine Seligkeit bei uns Kindern, welch eine Verzückung auch auf den Gesichtern der Erwachsenen, wenn wir auf Stühlen um den geschmückten Weihnachtsbaum herum saßen. Wir Kinder brav und ruhig auf dem Schoß der Eltern oder Großeltern. Jeder schaute auf die brennenden Kerzen und gab sich der ganz besonderen Stimmung hin. Der Tannenbaum drehte sich zum abgespielten Weihnachtslied der Spieluhr, die im Christbaumständer eingebaut war. Und so sangen wir dazu passend alle Strophen von „Stille Nacht, heilige Nacht", „Am Weihnachtsbaume die Lichter brennen" und „O, du fröhliche". Unsere Mutter war so glücklich, noch mal im Elternhaus zu sein. Und bestimmt erinnerte sie sich an die schönen Weihnachtsfeste ihrer eigenen Kindheit hier auf Spieckern.

Marlies auf ihren ersten Skiern.

Arbeitsfreie Zeit

Spielen

Um 1900 haben im Bergischen Land selbst Vierjährige viele Stunden lang am Bandstuhl gearbeitet, um zum Lebensunterhalt der Familie beizutragen. Bauernkinder haben ganz selbstverständlich Hühner gefüttert, Gänse und kleinere Geschwister gehütet, im Garten und auf dem Feld mitgeholfen und im Haushalt regelmäßig kleine Dienste übernommen. In der Generation vor uns haben die Kinder weit mehr Arbeit geleistet, als wir Bauernmädchen in den fünfziger Jahren.

Wir Schwestern hatten immer genug Zeit zum Spielen, und schon als kleine Kinder machten wir bei den Arbeiten der Eltern gerne mit. Spielerisch streuten wir Samen im Garten aus. Wenn wir mitgehen durften, um die kleinen Kälber zu füttern, war das für uns ein Vergnügen. Auch das Geschirrspülen in der Küche war ein Spiel für uns, zumal es in den ersten Jahren auch eher ein Planschen im Wasser war. Das Umfüllen von einer Tasse in die nächste machte Spaß. Und unser Lehrling Helmut machte sich einen Spaß daraus, uns beschäftigten Kindern die Schürzenbänder am Rücken zu lösen. Als wir später im Schulalter diesen Küchendienst ernsthaft übernahmen, beeilten wir uns dabei. „Lass uns schnell machen, dann können wir gleich noch spielen oder weiter lesen", spornte ich Annegret an.

Bei gutem Wetter spielten wir draußen an der frischen Luft. In den ersten Jahren, als wir noch von der Mutter beaufsichtigt werden mussten, nahm sie uns mit in den Garten, aufs Feld, in den Stall – dahin, wo sie gerade zu arbeiten hatte. Bei heißem Wetter zogen wir uns auf dem Feld gerne bis auf die Unterhose aus, banden alle Kleidungsstücke an einen Stock und wanderten so über das Feld. Oder wir sprangen fröhlich über die Reihen von Heu, liefen an ihnen entlang oder spielten Verstecken hinter Heuhaufen. Das Heu duftete so gut! Immer gab es etwas zu entdecken, kleine Käfer, besondere Steine, einmal sogar ein Nest mit kleinen Feldhasen. Da wir zu zweit waren, später zu dritt, wurde es uns nie zu langweilig. Später, als wir uns schon etwas weiter entfernen durften, während die Eltern die Feldarbeit erledigten, liefen wir einmal zur „Pöttgesbachwiese" nebenan. Auf einmal hörte unsere Mutter unser Geschrei! Annegret steckte mit den Gummistiefeln im Sumpf fest und bei dem angestrengten Versuch herauszukommen, geriet sie immer tiefer hinein. Wie gut, dass unsere Mutter doch ein Ohr auf uns hatte und erst meine Schwester und dann den fehlenden Stiefel herausziehen konnte.

Jahre später hatte unser Vater im Herbst mit uns einen Drachen aus dünnen Leisten und rotem Transparentpapier gebaut. Das war eine langwierige Angelegenheit. Und noch schwieriger war es, den Drachen steigen zu lassen. Auf dem abgeernteten Getreidefeld beim Bauern Engelhard trafen sich mehrere Kinder. Die harten Stoppeln pieksten unangenehm in die nackte Haut von Knöchel und Unterschenkel. „Jetzt hochwerfen", rief Annegret bei einer Windböe, und endlich tat der Drachen uns den Gefallen.

Im Garten am Haus war die Laube unser liebster Spielplatz. Als wir als Jugendliche die dicht gewachsenen Zweige der Hainbuchen-Laube betrachteten, konnten wir kaum glauben, dass wir als Kinder dort oben alle Platz gefunden hatten: wir Schwestern und manchmal noch eine Spielkameradin. An der Krümmung der Äste haben wir unsere „Stammplätze" erkannt. Wie konnten wir uns nur durch diese dichten Zweige hindurchzwängen? Wie viel Spaß es damals gemacht hatte, immer wieder rauf und runter zu klettern! Unten, auf dem fest-gestampften Erdboden der Laube, waren der Fantasie keine Grenzen gesetzt. Hier konnten wir nach Lust und Laune „Mutter, Vater und Kind" spielen. Sehr oft wur-de natürlich auch der Puppenwagen mit den Puppen nach draußen geholt. Auch gab es kleines Puppenge-schirr, alte Löffel und Töpfe zum Kochen und natürlich Blättersalat und Matsche-Pampe. Auf der nahegelege-nen großen Wiese, die jetzt bereits seit Jahrzehnten be-baut ist, gruben wir Gänseblümchen aus und brachten sie mit in die Laube. Sauerampfer und anderes Grün-zeug sowie kleine Steinchen kamen in den Kochtopf. Die kleine Marlies hatte genau so viel Spaß daran. Je-des Jahr freuten wir uns aufs Neue, wenn der Frühling da war und wir endlich in der Laube spielen konnten. Als Jugendliche haben wir uns erfolgreich dagegen gewehrt, dass die alte Laube abgesägt wurde. Natür-lich haben wir dann das Schneiden und die Pflege der Laube mit übernommen. Bei immer weiterwachsenden Zweigen war das nicht wenig Arbeit. Gut, dass Anne-gret so groß gewachsen war! Mit dem Kopf arbeitete sie sich durch das Blätterdach und schnitt dann von oben gleichmäßig die Zweige ab.

Der große, gepflasterte Hof war für uns und die Kinder der Nachbarschaft ein großer Spielplatz. Wir brauch-ten keine Wippe, keine Rutsche, keinen Kletterturm. Sehr oft kamen die Kinder, die abends zum Milchholen geschickt wurden, ein wenig früher. Dann konnten wir in fröhlicher Runde spielen. Damals machten wir Kin-der noch viele Kreisspiele, und es war gut, dass man sich nicht dazu verabreden musste. Kleinere und Grö-ßere fassten sich an und sangen immer wieder die Stro-phen von „Dornröschen war ein schönes Kind". Heinz gefiel dies besonders gut. Passend zur Geschichte wurde bei jeder Liedstrophe gespielt: Da gab es die Hecke, die riesengroß wuchs, die liebe Fee, die hereintrat oder den

Prinzen, der Dornröschen wach küsste. Ein anderes, beliebtes Spiel war das Kreisspiel vom „Plumpsack": „Kinder, dreht euch nicht herum, denn der Plumpsack geht herum. Wer sich umdreht oder lacht, der kriegt den Buckel blau gemacht!" Die Kinder „vom Hof", also die Nachbarkinder, waren bestimmt froh, solch einen großen gepflasterten Platz zum Spielen zu haben, und wir Schwestern waren froh, so viele Kinder zum Spielen hier zu versammeln. Zwei von den Größeren, Waltraud und Sigrid, hielten sich an den Händen, wir anderen standen abwartend in einer Reihe. Nun setzte sich das erste Kind der Reihe auf die gekreuzten Arme der Großen und wurde geschaukelt: „Englein flieg"! Die Engel kamen in den Himmel, die „Bengelchen" wurden „gerüttelt, geschüttelt zum Tor hinaus". Das gefiel unserer Mutter nicht so gut. Sie lehnte es ab, Späße mit Himmel und Hölle zu treiben. Unbeliebt bei den Eltern war auch das Spiel „Deutschland erklärt den Krieg". Hierbei wurden mit Steinchen Kreise auf den Hof gemalt zum Hineinspringen und Verteidigen. Wir wussten nichts vom Krieg, und die Eltern erklärten uns auch nichts, deshalb verstanden wir nicht, warum sie dieses Spiel nicht mochten. Es gab noch ein weiteres „militantes" Spiel: „Der Kaiser schickt seine Soldaten aus". Die älteren Kinder zeigten es den jüngeren: Zwei Reihen von Kindern standen sich gegenüber und hielten sich an den Händen fest. Der „Kaiser" bestimmte ein Kind seiner Reihe, das rannte „mit Karacho" gegen die gegenüber stehende „Mauer" und versuchte, sie zu durchbrechen. Wenn jemand es vor Schmerzen nicht mehr aushielt, ließ er natürlich die Hand seines Nachbarn los und wurde als „Gefangener" mitgenommen. Dann gab es noch das Spiel „Ist die schwarze Köchin da", ein Kreisspiel, bei dem „die schwarze Köchin" drumherum gehen muss und nach drei Runden ein Kind „mitnimmt". Mit „Pfui, pfui, da steht sie ja!" wird sie zum Schluss ausgebuht. Erinnern kann ich mich

204

auch an die Spiele „Ochse vorm Berg" und „Mutter, wie weit darf ich reisen" – Spiele, die heute noch in der Turnhalle gespielt werden.

Cousins und Cousinen von Marscheid und Schönwalde/Holstein

Natürlich haben wir auch zu zweit oder zu mehreren Kindern Ballspiele auf dem Hof gemacht, „Die Probe" oder auch nur Zuwerfen. Wir durften einen Gummiball gegen die große, aluminiumverkleidete Schiebetür treten, wir hatten also ein Fußballtor und meistens auch einen Jungen, der sich gerne in das Tor stellte. In späteren Jahren kamen dann Seilspringen und Federball dazu. Mit unserer Schulfreundin Hannelore haben wir auch oft „Ball über das Pferdestalldach" gespielt. Außerdem haben wir zu zweit oder auch zu dritt die Mäuerchen der Garteneinfassungen bemalt oder beschriftet. Dazu suchten wir uns kleine „Malsteinchen" aus dem Gartenbeet. Damit konnten wir die Backsteine schön bemalen oder auch unsere Buchstaben üben.

Nie brauchten wir uns mit Mädchen oder Jungen aus der Nachbarschaft zu verabreden. Bei gutem Wetter traf man sich draußen, meistens bei uns auf dem Hof. Natürlich waren wir auch neugierig darauf, wie die anderen Kinder aus der Nachbarschaft wohnten und wo sie spielten, wenn sie nicht bei uns waren. Erst als wir etwas älter waren, wohl schon in der Schule, durften wir mal zu den anderen Kindern gehen. Erstaunt waren wir, dass bei einer Familie zu Hause so wenig Platz war, dass wir unter den Betten mit kleinen Autos spielen mussten. Interessant fanden wir auch, dass in einigen Fällen mehrere Familien zur Miete in einem Haus wohnten. Dort haben wir auch in späteren Jahren zum ersten Mal zusammen mit unserer kleineren Spielkameradin Renate Fernsehen geguckt. Mit hochrotem Kopf und erregt kamen wir zu Hause an. Es war für uns eine große Besonderheit, wenn wir uns eine Kindersendung anschauen durften! Es gab einen Schwarz-Weiß-Fernseher mit zwei Programmen. Diese machten vor den Abendnachrichten eine Sendepause und nach der Sendung für die Erwachsenen war Sendeschluss.

In anderer Weise „in die Ferne gucken" konnten wir, wenn wir unsere Schulfreundin Hannelore auf Holthausen besuchten. Sie hatte draußen auf der abschüssigen Wiese am Haus der Großeltern eine Schaukel, auf die wir uns gerne setzten. Dabei schauten wir über die „Pöttgesbachwiese" in Richtung Cronenberg. Die Wiese war im Frühling wunderschön, blühte hier doch Wiesenschaumkraut. So viele zarte Blüten an einem Stengel, solch ein frischer Duft! Das Wohnhaus war klein und sehr alt mit niedrigen Decken. Man kann sich heute kaum noch vorstellen, dass in den fünfziger Jahren hier neun Personen auf 80 Quadratmetern wohnten. Hier lebten die Großeltern, der verwitwete Sohn mit drei Kindern und die Tochter, Kriegerwitwe, mit zwei fast erwachsenen Kindern. Für alle gab es nur einen Wasserhahn im ganzen Haus. Mussten wir, wenn wir zu Besuch waren, zum Klo, gingen wir hinten aus dem Haus heraus über den Hof zum „Hüsken", wo es ein Plumpsklo mit einer runden Aussparung im alten Brett

gab, die meist mit einem etwas größeren Holzbrett zu-
gedeckt war. Unten im Mist scharrten die Hühner. Wir
Schwestern staunten, dass unsere Freundin so gut „platt
kallen" konnte wie sonst nur die Alten. „Omma! Donn
mech ens en Teschendu-ek!", rief sie dann schon mal
ihrer Oma Else zu, die aus dem Fenster des kleinen Hauses guckte. („Gib mir mal ein Taschentuch"). Natürlich
gab es noch keine Papiertaschentücher. Man benutzte
ausschließlich Stofftaschentücher, die immer gebügelt
werden mussten. Hannelore wusste auch: „Sind de Bre-
zel te drüg, zoppt de Omma sech dat Tüg" (Sind die Bre-
zel zu trocken, dippt die Oma sich das Zeug).

Von Hannelore bekam ich 1959 zum Geburtstag
ein Buch geschenkt: „Die wunderbare Puppenreise".
Eigentlich war es damals üblich, einander bei solchen
Angelegenheiten nur eine Tafel Schokolade zu schen-
ken, aber wir drei Mädchen haben alle so gerne gelesen.
Manchmal versteckten Annegret und ich während der
Hausaufgabenzeit am Tisch auch ein spannendes Buch
unter unseren Schulheften. Wir mussten doch unbedingt wissen, wie es mit den „Fünf Freunden" bei Enid
Blyton weiterging! In der Volksschule konnten wir uns
Bücher über die Klassenbücherei ausleihen. Das haben
wir gemacht, so oft wir konnten. Von unserer Mutter,
die selber kaum Zeit zum Lesen hatte, bekamen wir
später Bücher von Johanna Spyri geschenkt, zum Beispiel „Trotzkopf". Mama selber war froh, wenn sie
sonntags Zeit hatte, ihr „Frau und Mutter"-Heftchen zu
lesen, ein christliches Heft, welches sie abonniert hatte. Vaters Lieblingslektüren in seiner Jugendzeit waren
Abenteuergeschichten, Seefahrergeschichten und Be-
richte aus der Kolonialzeit.

Wahrscheinlich waren wir bereits im dritten Schuljahr,
als wir zu Weihnachten einen Ballonroller geschenkt
bekamen. Es war für uns wunderbar, mit diesem Roller

den abschüssigen Weg am Landheim herunterzufahren. Allerdings mussten wir beiden Schwestern uns immer absprechen und abwechseln, denn wir hatten nur einen Roller für uns zwei. Dort, im Jugend-Landheim auf Holthausen, konnten wir mit unserem Klassenkameraden einige Male Tischtennis spielen. Sein Vater war Hausmeister und öffnete gelegentlich den Anbau mit den großen Tischtennis-Platten. Zurück zum Hof gingen wir dann gerne an der duftenden Jasminhecke entlang. Diesen süßlichen Duft habe ich zeitlebens geliebt. Die Straße „Am Sonnenblick" zu überqueren war kein Problem, denn es fuhren ja noch kaum Autos.

V.l.n.r.: Annegret, Marlies und Dorothee auf dem Hof.

Bei Regenwetter und an vielen Tagen im Winter spielten wir drinnen in der Küche. Wie in den meisten anderen Familien zu der Zeit hatten wir kein Kinderzimmer zum Spielen, sondern eine Spielecke in der Küche. Hier, vor dem Küchenfenster zum Hof, saßen meine Schwester und ich auf der kleinen Kinderbank und legten unsere Schätze auf das kleine Tischchen. Gerne nahmen wir unsere Puppen auf den Schoß und versorgten sie so, wie wir es bei unserer Mutter gesehen hatten. Wir kochten für sie, wir fütterten sie, wir zogen sie immer wieder an und aus. Jahrelang hatten wir Spaß daran. Wir spielten „mols": Annegret war „mols" die Mutter und ich „mols" das Kind oder umgekehrt. Das heißt: Wir schlüpften in eine andere Rolle – das war das einzige Spiel, in dem Fantasie erlaubt war. Irgendwann bekamen wir eine Puppenstube, und zu einem anderen Zeitpunkt gab es für Annegret und mich gemeinsam einen neuen Puppenwagen. Der bekam seinen Platz rechts zwischen dem Küchenschrank und dem Spieltischchen. Genauso wichtig wie die Spielecke war der große Tisch. Hier machten wir Schulaufgaben, hier malten oder schrieben wir, hierhin holten wir unsere Spieleschachteln. Manches besaßen wir in doppelter Ausführung, so zum Beispiel ein Perlenlege-Spiel und einen Baukasten mit Märchenbildern. Bei dem Perlenspiel wurde ein buntes Blatt mit vorgegebenem Muster untergelegt, so dass man das Bild mit den kleinen, farbigen Murmeln aus Ton nachlegen konnte. Als wir klein waren, wurde für jedes Mädchen ein Fußbänkchen als Sitzerhöhung auf die lange Bank gestellt. Darauf setzten wir uns dann, um ein Spiel auf dem Tisch zu machen. Wie schön war es, immer eine Schwester zum Spielen zu haben, später sogar zwei! Auch heute noch haben wir drei eine sehr enge Beziehung und sind in ständigem Kontakt miteinander. Einmal wurde es besonders lustig beim Spielen in der Küche. Unsere Mutter war nicht da – vielleicht war sie bei ihren Eltern auf Spieckern – und hatte die Beaufsichtigung von uns beiden kleinen Mädchen unserem Lehrling Helmut anvertraut. Der ermunterte uns, und so liefen wir fröhlich und lachend viele Runden durch die Küche: das Küchensofa hinauf, übers Sofa, über die Armlehne auf die Bank (aufgepasst, da lag ein Stapel Zeitschriften, nicht ausrutschen!), am Ende hinuntergesprungen, um den Tisch herum bis zum Sofa und dann das Ganze immer und immer wieder von vorn. Eine weitere Idee von Helmut war es, die lange Wäscheleine kreuz und quer durch die Küche zu spannen und Puppenkleidung und kleine Spielsachen dranzuhängen. Auch daran hatten wir als kleine Kinder großen Spaß.

Sonntags, bei den Verwandten auf Spieckern oder auf Obersondern, spielten wir nach dem Kaffeetrinken natürlich mit unserem gleichaltrigen Vetter Klaus und den Cousinen. Als wir schon etwas älter waren, war das „lustige Frage- und Antwortspiel" bei uns sehr begehrt. Das war ein Kartenspiel mit Kartenziehen, bei dem auf die gestellte Frage immer eine „falsche Antwort" gegeben wurde, was uns erheiterte. „Haben Sie Sex-appe-al?", „Waren Sie schon mal im Hippodrom?" oder „Lieben Sie Elvis Presley?", waren Fragen, die bei diesem Kartenspiel von uns Kindern (und den Erwachsenen) nicht geklärt werden konnten. Wenn sonntags kein Verwandtenbesuch anstand, nahm sich unsere Mutter oft Zeit, um mit uns Kindern ein Gesellschaftsspiel zu spielen. „Mensch ärgere dich nicht" und das „Leiterspiel", ein Würfelspiel, bei dem man mit Spielfiguren auf dem bunten Spielplan eine Leiter hochklettern konnte oder – im ungünstigen Fall – wieder hinunterrutschen musste, gehörten zu den beliebtesten Spielen. Ebenso gerne spielten wir „Fischeangeln" und „Domino". Hinzu kamen Spiele, die mit einem Rechentraining verbunden waren, wie zum Beispiel „Lotto". Aus den Kindertagen unseres Vaters besaßen wir ein großes schönes Puzzle-Spiel mit verschieden großen, bunten, eckigen Holzteilen. Immer wieder versuchten Annegret und ich, das farbige Bild mit Häusern und

Bäumen und Himmel möglichst vollständig zu erstellen. Es war eine anspruchsvolle Aufgabe und konnte nie ganz gelingen, da im Laufe der Jahrzehnte einige Puzzle-Teile verlorengegangen waren. All diese Spiele spielten wir in der Küche am großen Tisch. Manchmal konnte unser Vater dazu überredet werden, mitzuspielen, aber lieber saß er daneben und las in seinen Büchern oder Fachzeitschriften. In späteren Jahren brachte er uns jedoch das Schachspiel bei, und wir spielten sehr gerne mit ihm. Es war für uns Kinder etwas ganz Besonderes, wenn der Vater sich hierfür die Zeit nahm.

Sonntagsvergnügen

Sonntags – und nur sonntags – gab es nach der Stallarbeit zum Frühstück ein gekochtes Ei. Die Eltern und auch wir Töchter trugen unseren Sonntagsstaat. Oft gingen wir in die Kirche. Mittags stellte der Vater das Radio an, und wir lauschten dem Programm des Nordwestdeutschen Rundfunks. Konzentriert verfolgte Vater die politische Diskussion beim Internationalen Frühschoppen, moderiert von Werner Höfer. Auch für uns Kinder gab es sonntags oft eine Sendung im Radio, den Kinderfunk. Unter der Woche wurde der Schulfunk gesendet, von dem mir besonders „Neues aus Waldhagen" in Erinnerung geblieben ist.

Im Frühling und Sommer kamen am frühen Sonntagnachmittag „ganze Heerscharen" an unserem Haus entlang die Straße hinunterspaziert, so erzählte es unsere Mutter später. Wir Kinder drückten uns an der Fensterscheibe die Nasen platt und betrachteten die vielen Leute: die Frauen und Mädchen in Sonntagskleidern und bunten Röcken, die Männer in guten Anzügen und frischen Oberhemden, die Jungen in kurzen Hosen. Das Gelpetal war für viele Ronsdorfer ein begehrtes

Ausflugsziel. Nach einem langen Spaziergang konnte man in dem Restaurant „Holthauser Höhe", bei uns gegenüber, zu Kaffee und Kuchen einkehren. Standen in unserer Familie keine Verwandtenbesuche an, gingen auch wir zu viert, später mit der kleinen Marlies dann auch zu fünft, gerne zum Käshammer oder zum Zillertal. Schon in den Kindheitstagen unseres Vaters waren das bekannte und beliebte Ausflugsziele, hatte das Gelpetal doch eine lange Tradition mit Hämmern und Wasserrädern. Früher existierten im Gebiet der Gelpe und des Saalbaches 25 Hammerwerke und Schleifkotten. Die Wasserkraft der Gelpe wurde schon ab dem 17. Jahrhundert genutzt, um Hammerwerke anzutreiben. Dabei entstanden durch mühseliges und schweißtreibendes Schmieden und Schleifen Messer und Sensen. Im Museums-Schleifkotten „Clemenshammer" kann man noch heute eine Vorstellung davon gewinnen. Das „Haus Zillertal", heute noch ein Ausflugslokal und von der Cronenberger Seite aus auch mit dem Auto zu erreichen, war damals ein sehr geschätztes Ziel im Wald. 1904 wurde dieses stattliche Gebäude fertiggestellt und bot nebenan – von uns Kindern begehrt – einen kleinen Spielplatz mit Rutsche, Karussell und Schiffsschaukel. Nur ganz selten gab unser Vater Geld aus, um uns zu Kaffee und Kuchen einzuladen. Aber wir hatten auch so unseren Spaß, denn es gab eine sehr hohe und lange Rutsche, auf der man mithilfe einer Fußmatte nach unten sausen konnte. Im Winter gab es dort sogar eine Sprungschanze für mutige Skispringer. Als ich mir als kleines Mädchen vom Weg aus dieses Treiben einmal zu lange anschaute, stand ich plötzlich ohne die Eltern und Schwestern zwischen fremden Spaziergängern. Ich hatte meine Familie verloren. Bei so vielen Leuten war es nicht leicht, sie wiederzufinden. Einige Jahre später, wir waren vielleicht schon konfirmiert, machten wir beiden älteren Schwestern zusammen mit unserer Freundin Hannelore sonntags häufig

Spaziergänge bis zum Zillertal. Regelmäßig bezahlten wir, um 20 Minuten oder auch 40 Minuten auf dem Teich neben dem Zillertal-Spielplatz Kahn zu fahren, im guten Rock oder dünnen Sommerkleid, Jeans waren noch unbekannt. Als ich mir Jahrzehnte später durch den Rosenbogen diesen Teich ansah, dachte ich: „Das ist doch nur ein Tümpel!". So klein kam mir der Weiher vor. 1973 war dann für alle hier Schluss mit der „Kahn-partie", aber da hatten wir drei schon lange kein Inte-resse mehr daran. Im Käshammer standen die Ponies von Bäcker Stodt. Sie waren nicht nur sein Hobby, son-dern boten auch eine gute Möglichkeit, die nicht ver-kauften, trockenen Brötchen zu verwerten. Diese wur-den an die Ponies verfüttert. In unseren Kindertagen wanderten wir sonntags des Öfteren mit Mama und Papa zum Käshammer und bewunderten die kleinen Pferdchen. Auf dem gegenüberliegenden Teich zogen stolze Schwäne und oft viele kleine Gänseküken ihre Bahnen, da musste man auch immer stehenbleiben. Nebenan befand sich das Wassertriebwerk „Käsham-mer". Es hatte einen malerischen Fachwerkaufbau mit zwei großen Rundfenstern. Das Hammerwerk stammte aus dem 17. Jahrhundert. Seit 1980 gibt es jetzt einen „Industrie-Geschichtspfad Historisches Gelpetal", der über alles Wissenswerte Auskunft gibt. Damals gehör-te zum Käshammer auch noch ein Restaurant, in dem wir zweimal Kaffee getrunken und Kuchen gegessen haben. Verschiedene Wege führten dann durch den Wald wieder nach Hause, wo die Kühe schon darauf warteten, gemolken zu werden. Am „Rieselfeld", unse-rer hochgelegenen Wiese am Heilstättengebiet, erin-nerte sich Papa gerne daran, wie er als Junge mit sei-nen Brüdern und den Cousins Quentmeier hier Fußball gespielt hatte. Die Fußball-Begeisterung hat er sich bis ins hohe Alter bewahrt. Als Landwirt hatte er keine Zeit gehabt, selber Fußball zu spielen oder als Zuschauer auf der Tribüne zu sitzen. Aber als unsere Familie nach unserem Abitur einen Fernseher anschaffte, konnte er sich den Fußball „in die Küche" holen. Noch kurz vor seinem Tod konnte er sich dafür begeistern und dabei seine schwere Erkrankung vergessen.

Die Erwachsenen liebten die Spaziergänge rund um die idyllisch gelegene Ronsdorfer Talsperre. Im Jahr 1899, also nur sechs Jahre vor der Geburt unseres Vaters, wurde diese Talsperre als zweiter Trinkwasser-Stausee Deutschlands eingeweiht. Bis 1956 wurde ganz Ronsdorf von hier aus mit hervorragendem Trinkwasser versorgt. Trotzdem haben wir kein Wasser aus der Leitung getrunken, weil immer noch Angst vor Bakterien im Wasser herrschte. Im Nachhinein kommt es mir so vor, als ob wir eigentlich in einem Erholungsgebiet lebten. Sicher waren wir mit unseren kurzen Beinchen oft müde, wenn wir um die ganze Talsperre gelaufen waren, aber ich träume noch heute davon. Immer noch ist es erhebend, auf der Staumauer zu stehen und in alle Richtungen zu blicken. Zum Glück wurde die als nicht mehr sicher geltende Talsperre später für ungefähr fünf Millionen Euro saniert. Im „Ronsdorfer SonntagsBlatt" gab es dann einen ausführlichen, bebilderten Bericht. Anfang Oktober 2004 fand vor Tausenden von Einheimischen und Freunden der Talsperre die feierliche „Wieder-Einweihung" statt. Allerdings dient dieser malerisch gelegene kleine Stausee heute nicht mehr der Trinkwasserversorgung.

Ab und zu schauten wir uns die Tiere im Wuppertaler Zoo an. Meistens fuhren wir nur mit unserem Vater hin, denn unsere Mutter mochte sie nicht eingesperrt sehen. Wir fuhren mit dem Bus bis nach Elberfeld; wir bekamen ja erst ein Auto, als ich mit 18 Jahren den Führerschein machte. Für uns Kinder war es jedes Mal spektakulär, so viele exotische Tiere zu sehen. Am besten gefiel uns immer die Fütterung der Seelöwen.

Als Herr Bleßner anfing, seinen polierten Opel in unserer Scheune zu parken, gab es dann auch schon mal Fahrten zu verschiedenen Talsperren im Sauerland. Herr Bleßner war unser „Chauffeur", wie ihn unsere Verwandten gerne bezeichneten. Er war ein Kriegsflüchtling aus dem Osten, der sein Auto bei uns in der Scheune unterstellte. Er brauchte nichts für den Stellplatz in der Scheune zu bezahlen, dafür bot er uns gelegentlich Fahrten über Land an – manchmal interessant, aber nicht immer erquicklich. Unsere Mutter hatte nicht nur gute Erinnerungen an Kurvenfahrten bei sonnigem Wetter im stickigen Auto, ein Kind auf dem Schoß und zwei Kinder an der Seite, dazu noch Frau Bleßner. Vorne, neben dem Fahrer, saß unser Vater mit seinen langen Beinen. An der Talsperre angekommen, konnten wir endlich aussteigen, Luft schnappen und einen kurzen Blick auf die Staumauer werfen, dann ging es schnell wieder nach Hause – die Kühe warteten. Im Laufe der Jahre lernten wir verschiedene Modelle kennen, vom Opel Rekord, über den Kadett und den Kapitän bis hin zum Opel Diplomat. Bei jedem Neuwagen gab es unangenehme Ausgasungen, die dazu führten, dass wir stets eine Spucktüte mitnahmen. Bis zum heutigen Tag kann ich mich für Autos kaum begeistern, und die Überlegungen zum Neukauf eines Wagens haben mich jedes Mal wenig fasziniert, ja eher noch belastet.

Für Geburtstagsbesuche bei den Verwandten traf man sich am Sonntag nach dem jeweiligen Geburtstag auf dem entsprechenden Bauernhof. Große Geschenke gab es meist nicht, oft brachte man einfach nur ein Pfund Kaffeebohnen mit, das galt damals als Kostbarkeit und war immer sinnvoll. Normalerweise gab es eine Obsttorte, einen festen Kuchen und vielleicht Zwiebäcke. Die Alten haben die bergischen Zwiebäcke „gezoppt", also in Kaffee eingetunkt. Bei besonderen Festlichkeiten lockte dann auch schon mal eine mächtige Buttercreme-Torte und jeder langte ordentlich zu. Stand bei uns auf Holthausen Kaffeetrinken an, durften wir oft von gegenüber aus der Gaststätte bei „Robbi Koch" Waffelhörnchen mit Sahne holen, eine Spezialität für alle Kinder, die es nur bei uns im Haus gab. Als wir in späteren Jahren selber Torten zubereiten konnten, war es natürlich der damals in Mode kommende „Kalte Hund", der es uns angetan hatte: Kokosfett wurde mit Kakaopulver oder Schokolade erhitzt und anschließend musste man diese Masse zwischen Keksschichten in einer Kastenform erkalten lassen: verführerisch gut, mächtig und süß. Auf einer Kekspackung fanden wir dann ein Rezept für die „Kekstorte mit Ananas und Sahne". Tatsächlich durften wir die Flasche Cointreau kaufen, die dazu notwendig war. Damals sahen wir auf Spieckern erstmalig kleine Goldecken in klarer Flüssigkeit. Das war wirklich ein besonderer „Klarer". „Danziger Goldwasser" machte die Runde, aber Mama nippte nur ein bisschen daran. Wenn sie überhaupt Alkohol trank, dann war ihr der „Aufgesetzte" aus eigener Herstellung lieber.

Besondere Ereignisse wie Hochzeiten und Konfirmationen wurden bei uns ganz selbstverständlich im großen Familienkreis gefeiert, ebenso „runde Geburtstage" zum 60., 70., 80. oder wenn es „hoch kam" zum 90. Auf diesen Festen wurde in großer Runde viel gesungen, fromme Lieder und auch Volkslieder. Einige aus dem Familienkreis trugen durch besondere Beiträge gerne zum Programm bei. Unvergessen ist für alle der „Flohzirkus", den unser Vetter Klaus von Spieckern mehrfach gestenreich vortrug. In Erwartung seiner „Nummer" mussten manche von uns vorher schon lachen. Als kleines Kind war es mir nicht verständlich, dass Tante Alwine nach der kirchlichen Trauung ihrer ältesten Tochter weinen musste. Heute verstehe ich es. Die Hochzeit der Tochter bedeutet auch Trennung von der Herkunftsfamilie, und Trennung tut weh. Auf unserer Konfirmationsfeier (Annegret und ich wurden im gleichen Jahr konfirmiert) kamen Tante Alwine jedoch die Tränen vor Lachen. Das sieht man noch heute auf einem Foto, welches damals in der Küche aufgenommen wurde. Was war passiert? Tante Alwine, die immer gerne gespült hatte, „weil man dabei so schöne warme Finger bekommt", ließ nach dem Kaffeetrinken schnell das warme Wasser in die alte Emailleschüssel laufen, und es kam zum „Hausputz" am Festtag. Sie konnte nicht wissen, dass es notwendig war, eine andere große Schüssel hineinzustellen – die ursprüngliche Spülschüssel hatte ein kleines Loch, und so musste man am Tag der heiligen Konfirmation Schrubber und Aufnehmer holen.

Das Leben im Bergischen Land wurde bei den Bergischen Heimatspielen in Lüttringhausen in besonderen Geschichten auf „Plattdeutsch" dargestellt. Auf der Freilichtbühne, vor Kulissen mit alten Fachwerkhäusern, spielten die bergisch angezogenen Männer, Frauen und Kinder, allesamt Laienschauspieler. Die Männer oft ausgestattet mit „Liewerpöngel" und „lange Piep" (Liefersack und langer Pfeife), ging es doch oft um Bandwirkergeschichten, auch um kleine Streitigkeiten zwischen „Nobern" (Nachbarn), Klatsch und Tratsch. Erinnern kann ich mich an einen Titel: „Krach em Dorp" (Krach im Dorf).

Wir saßen auf langen Bänken ohne Rückenlehne, und einmal beschränkte sich unser Vergnügen eher auf das Zuhören. Das Zuschauen war kaum möglich, zumindest nicht für unsere Mutter, wie sie oft erzählt hat. Es war die Zeit, als die bügelfreien Nylonhemden aufkamen. Die Sonne stach, und in den Reihen vor uns waren so viele weiße Plastik-Hemden im Blickfeld, dass die Augen schmerzhaft geblendet wurden. Die Heimatspiele werden übrigens immer noch aufgeführt.

Urlaub

Fliegen wir dieses Jahr mit der Reisegruppe nach Kenia oder fahren wir mit dem Wohnmobil an den Gardasee? Sollen wir, so wie jedes Jahr, einen Skiurlaub machen oder gönnen wir uns mal eine Kreuzfahrt? Solche Fragen haben sich für unsere Eltern nie gestellt.

Eine Übernachtung bei Onkel Max in Barmen oder ein halber Tag bei der Lieblingstante Ida, das waren für den kleinen Fritz im Jahr 1910 schon großartige Unternehmungen. In der Schulzeit kamen einige wenige Ausflüge dazu. Die Lehrer waren alt, die jüngeren waren zur Front geschickt worden. Es war die Zeit des Ersten Weltkriegs, deshalb wurde auch die Schulzeit verkürzt, dabei war der kleine Fritz so wissbegierig und hätte so gerne etwas von der Welt gesehen. Als vielleicht 16-Jähriger kam er als landwirtschaftlicher Lehrling an den Niederrhein „in Stellung". Von dem einjährigen Aufenthalt dort bei der Familie Imig in Louisendorf hat er später gerne erzählt, war es doch für ihn die „große weite Welt" gewesen. Hinzu kamen in späteren Jahren Exkursionen, durchgeführt von der Landwirtschaftsschule in Lennep, meistens zu Musterbauernhöfen in der Nähe.

Unsere Mutter, die bis zu ihrem 30. Lebensjahr auf dem elterlichen Bauernhof in Spieckern bei Walbrecken mitgearbeitet hatte, war im Alter von etwa 25 Jahren zum ersten Mal in Urlaub gefahren. Sie wollte einige Tage bei ihrer um elf Jahre älteren Schwester Emmi verbringen, die mit ihren kleinen Kindern in Kreuznach weilte. Kaum dort angekommen, erhielt Anna per Karte die Aufforderung: „Komm sofort nach Hause, es wartet viel Arbeit auf dich!" Das Obst war reif. Es musste geerntet und verarbeitet werden, Anna fuhr sofort mit der Bahn nach Hause. Später fuhr sie dann nur noch „mit dem Finger auf der Landkarte" in Urlaub, wie sie ohne Verbitterung angab. Das Kochen für die Familie musste an jedem Tag erledigt werden. Die Kühe mit den prallvollen Eutern mussten an allen sieben Tagen in der Woche gefüttert und gemolken werden. Neben den Kühen gab es auch noch genügend anderes Viehzeug, das auf uns wartete. Wenn unsere Familie dann sonntags vom Geburtstag innerhalb der Verwandtschaft zurückkam, hieß es für die Eltern: Schnell umziehen, später als sonst mit der Stallarbeit beginnen, später als sonst fertig werden. Oft haben auch wir Kinder dann in der warmen Jahreszeit eifrig den Stock genommen, um die Kühe von der „Sonntagsweide" zum Melken in den Stall zu holen. Im Winter ergriffen wir schnell die Heugabel, um sie zu füttern.

Spaß hatte unsere Mutter, wie wir Kinder natürlich auch, bei den Schulausflügen, die mit der Klasse und einem Elternteil geplant waren. Wir hatten in der Volksschule einen jungen engagierten Lehrer, und so kam unsere Mutter wenigstens bis zum Flughafen in Düsseldorf-Lohhausen. Es gab auch mal ein Schulfest oder ein Jubiläum, welches wir zusammen mit der Mutter erleben konnten. Wenn es die Arbeit erlaubte, war sie gerne mal mit anderen zusammen und konnte sich so wenigstens einen kleinen Teil der Umgebung ansehen.

Unser Vater hatte da schon mehr Möglichkeiten: ein Ausflug vom Bauernverband, eine Waldbegehung mit dem Forstverband, mal ein Vortrag, mal ein Konzert mit dem Männerchor. Während er sich die wöchentliche „Auszeit" in der Männerchorprobe gönnte, konnte sich unsere Mutter keinem ähnlichen Vergnügen hingeben. Auch der tägliche Mittagsschlaf auf dem Sofa in der Küche war nur dem Vater vorbehalten. Während wir Töchter in dieser Zeit möglichst leise den Abwasch vornahmen, hatte unsere Mutter den unangenehmeren Teil der Arbeit nach der Mahlzeit. Sie bekam schmutzige und schlecht riechende Hände beim Ofenscheuern.

Auch kurze Reisen zum Bruder Julius nach Holstein waren fast immer nur für Fritz möglich. „Einer muss ja bei Stall und Kindern bleiben", sagte die Mutter stets. Hoffentlich hat sie in dieser Zeit wenigstens ab und zu etwas Hilfe aus der Nachbarschaft bekommen. Als meine Schwester Annegret und ich ganz klein waren, hatten wir für kurze Zeit zwei landwirtschaftliche Helfer, auf die sich unsere Eltern verlassen konnten. So war es der Mutter immerhin möglich, schon mal ihre Eltern und ihren geliebten Bruder August auf Spieckern zu besuchen. Die Hinfahrt, so wie auch die Rückfahrt, dauerte mit dem Bus durch Umsteigen und Fußwege immer weit über eine Stunde. Mit dem Kinderwagen und einem Kleinkind an der Hand war das nicht unbedingt eine Erholung. Und einmal hat der Busfahrer sie am Markt nicht mitgenommen, weil er angeblich keinen Platz mehr für den Kinderwagen hatte. Nun musste sie noch wesentlich weiter zu Fuß gehen.

Ganz schwach erinnere ich mich noch daran, dass es wohl auf Walbrecken, der Heimat unserer Mutter, ein großes Schulfest gegeben hat, vielleicht war es auch ein Gemeindefest. Marlies war noch nicht geboren, und wir konnten zu viert daran teilnehmen. Ich weiß heute noch, dass unsere Mutter in ihrer alten Heimat mit den alten Schulfreunden und Schulfreundinnen sehr glücklich und fröhlich war. Auf dem Heimweg von der Bushaltestelle oder dem Bahnhof, einem Fußmarsch von weit über 30 Minuten, gab es mal weiße, mal rosafarbene, süße Kokosmakronen aus einer spitz zulaufenden, kleinen Papiertüte. So haben wir den anstrengenden Rückweg bergauf am „Krausenbaum" dann doch noch geschafft.

Mit der Männerchor-Gemeinschaft wurden damals die ersten „Findigkeitsfahrten" mit vielen Privatautos unternommen. Der Beifahrer erhielt einen Aufgabenzettel mit Fragen und Hinweisen, vielleicht auch noch mit Skizzen, die gedeutet werden mussten. Jetzt wurde gestartet, ohne das Ausflugsziel zu kennen. Für unsere Familie war das ein Vergnügen, weitab von den Pflichten auf dem Bauernhof. „In der Schule würde man sagen ‚abschreiben'.", so tadelte meine Mutter mit Witz mal den Chorleiter, Oberstudienrat an einem Gymnasium, der bei einem anderen abgucken wollte.

Manche suchen heutzutage im Urlaub Aufregung und Abenteuer, weil sie dem Einerlei zu Hause entfliehen wollen. Manche suchen im Urlaub Einerlei – vielleicht am Meer oder in der Lüneburger Heide – weil sie der Aufregung zu Hause und im Beruf entfliehen wollen. Unsere Eltern haben in den fünfziger Jahren nie einen gemeinsamen Urlaub gemacht. Einerlei und manchmal auch Aufregung hatten sie jedoch genug auf ihrem Hof. „Können Sie mir mal sagen, was ich machen kann, dass ich auch so gut schlafen kann wie Sie?", wurde meine Mutter im Kuhstall eines Tages von einer Nachbarin, von Beruf Ärztin, gefragt. Der gute Rat, der zurückkam, lautete: „Keinen Mittagsschlaf machen und so viel arbeiten wie ich, dann fällt man abends todmüde ins Bett!" Zum Glück hatten beide Eltern (fast immer) einen sehr guten Schlaf, sodass sie ihre Arbeit sieben Tage in der Woche ohne Urlaub oder Kur schaffen konnten.

Mein „erster Urlaub" fand – so steht es im Familienalbum – im Mai 1952 statt. Ich war ein Jahr alt und wurde zwei Wochen lang zusammen mit dem gleichaltrigen Vetter Klaus von meiner Tante Helene auf Spieckern lieb versorgt. Meine Mutter hatte am Tag zuvor ihre zweite Tochter Annegret entbunden. Viele Jahre später, in den Jahren 1963 und 1965, durften wir beiden Töchter im Sommer, in der arbeitsreichen „Heuzeit" mit einer großen Kindergruppe nach Holland fahren und auch einmal „richtig Ferien machen"! Wir nahmen an einer dreiwöchigen Ferienfreizeit mit der Freien Evangelischen Gemeinde in Ronsdorf teil, zu der wir über eine Schulfreundin Kontakt bekommen hatten. Am ersten Abend am Strand schauten wir erstaunt und ergriffen auf die Weite des Meeres und sangen mit der großen Freizeitgruppe alle Strophen des Kirchenliedes „Großer Gott, wir loben dich". Drei Wochen später, auf der Busfahrt nach Hause, schmetterten alle Kinder ein anderes Lied: „Und wenn im Tal die Bratkartoffeln blüh'n, ist alles wieder gut, ..." Unserer Mutter gefiel das Lied sehr gut, zeigte es doch, dass wir Kinder Sehnsucht nach Hause und der heimischen Küche hatten.

Das Bauernleben – für unsere Eltern war es Mühe und Arbeit, aber auch eine Lust. Und für uns Kinder? Spielplatz an der frischen Luft mit viel Bewegung und Abwechslung – Übungsplatz für verantwortliches Miteinander von Mensch, Tier und Pflanzenwelt – Anschauungsunterricht für das weitere Leben.

Wir Kinder haben ein Gespür dafür bekommen, dass wir Menschen auch nur ein Teil der Natur sind.

Nachwort

Welch ein Glück ist es für mich, in der Familie mit meinen geliebten Eltern Fritz und Anna Kotthaus groß geworden zu sein, zusammen mit meinen Schwestern Annegret und Marlies. Dieses Leben auf dem Bauernhof, so wie es in den fünfziger und sechziger Jahren für uns selbstverständlich war, ist heute nicht mehr üblich.

Zum Glück haben meine ältesten Kinder Christine und Matthias noch beide Großeltern kennengelernt. Der Opa konnte ihnen im Stall vom Kühefüttern und der Melkarbeit erzählen, und die Oma hat in der Küche gezeigt, wie man den alten Herd anfeuert.

Es war sehr bewegend für mich, von dieser Vergangenheit zu erzählen, und wenn meine Geschichten im Leserkreis auf Interesse treffen, so habe ich mich bei ganz vielen Menschen zu bedanken. Da ist zunächst mein Ehemann Gerhard zu nennen, der mich zum Schreiben angeregt und mit Sachverstand begleitet hat. Auch mit etlichen Verwandten konnte ich mich über die Bauernarbeit früher austauschen. Ohne meine Söhne Georg und Robert wäre dieses Erinnerungsbuch ohne Fotos und Formatierungen geblieben. Danke, dass ihr mir aus manchen PC-Nöten herausgeholfen habt! Meine beiden Schwestern habe ich mit der ersten Version dieses Buches überrascht und dank ihrer konstruktiven Kritik konnten noch Korrekturen und Ergänzungen vorgenommen werden. Darüber hinaus konnte ich vielen „Holthausern" und unserem ehemaligen Lehrling Helmut Lenz noch weitere Informationen entlocken.

Ein besonderer Dank gilt meiner Lektorin Iris Gelhausen, die mit Einfühlungsvermögen und fachlicher Kompetenz einen großen Teil der Überarbeitung geleistet hat, sowie dem Bergischen Verlag, der es mir ermöglicht hat, meine Erinnerungen der Öffentlichkeit zu übergeben.

*Meine Mutter und ich mit den Zwillingen
Georg und Robert.*

*Die Oma hat Georg und Robert gerne aus dem
Bauernhof-Buch vorgelesen, und sie hat ihnen von
dem verstorbenen Opa erzählt, der Bauer war.
Wie sehr hätte mein Vater sich über die beiden
Jungs gefreut. Und die wären so gerne mit ihm
Traktor gefahren. Sie hätten über die Heureihen
wilde Sprünge gemacht und den Duft von Heu
nie mehr vergessen.*